教育部人文社会科学研究青年基金西部和边疆地区项目“基于东盟国家英语新闻语料库的中国新时代形象建构研究”（18XJC740010）资助

吴虹/著

东盟国家英语变体研究

中国原子能出版社

图书在版编目 (CIP) 数据

东盟国家英语变体研究 / 吴虹著 . -- 北京 : 中国原子能出版社 , 2021.11

ISBN 978-7-5221-1746-1

Ⅰ . ①东… Ⅱ . ①吴… Ⅲ . 英语—语言变体—研究—东南亚国家联盟 Ⅳ . ① H31

中国版本图书馆 CIP 数据核字（2021）第 242905 号

内容简介

本书是在从各官方渠道收集到的东盟十国旅游宣传英文资料的基础上完成的英语变体研究，根据卡奇鲁对英语使用者的划分，将东盟十国分为外圈和扩展圈进行分别探讨，分析东盟十国在旅游宣传文本中词汇、句法使用上的差异，并了解东盟各国在介绍各自的社会、文化中的倾向性等等。研究发现，外圈国家在词汇使用丰富程度、复杂句式结构的使用上都要高于扩展圈国家。本书可以为针对东盟国家的旅游文化、民族民俗研究提供资料参考，对广西、乃至国内的旅游外宣也有一定的借鉴作用。

东盟国家英语变体研究

出版发行　中国原子能出版社（北京市海淀区阜成路 43 号 100048）
责任编辑　潘玉玲
责任校对　冯莲凤
印　　刷　三河市德贤弘印务有限公司
经　　销　全国新华书店
开　　本　710 mm × 1000 mm　1/16
印　　张　14.625
字　　数　232 千字
版　　次　2022 年 6 月第 1 版　2022 年 6 月第 1 次印刷
书　　号　ISBN 978-7-5221-1746-1　　定　　价　78.00 元

网　　址：http://www.aep.com.cn　　E-mail:atomep123@126.com
发行电话：010-68452845

前　言

东南亚国家联盟，简称“东盟”，由文莱、柬埔寨、印尼、老挝、马来西亚、缅甸、菲律宾、新加坡、泰国、越南十个东南亚国家组成。东盟十国都是多民族国家，各国语言种类繁多，官方及常用语言存在多语种并存现象，为了有效的沟通，2008年生效的《东盟宪章》明确将英语定为东盟唯一的工作语言，相应地，英语也成为东盟对外交往的工作语言。然而，由于东盟十国历史和文化差异，语言和语言政策也不尽相同，东盟各国的英语或多或少都有其自身特点，本书正是在这一背景下展开的英语变体研究。

语言变体研究一般多从口语体角度进行，因为口语体的语音、语调和语法能体现出更显著的差异。本书则另辟蹊径，从一个较少人关注的角度——旅游文本，来考察英语变体。旅游文本是书面体，比口语体更正式，从单独一篇文本里很难看出差异。因此，本书的研究语料来自东盟十国旅游部门在历届中国—东盟博览会现场发放的旅游宣传页、宣传手册以及东盟十国的政府、旅游部门和旅游景点的官方网站上的旅游推介等，共计百万词，大量的语料数据有助于发现单一文本里难以察觉的差异。除了考察语言使用上的差异，本书也有助于了解东盟各国在介绍各自的社会、文化、民俗中的倾向性；此外，本书的例句和分析也可为针对东盟国家的旅游文化、民族民俗研究提供资料参考。

本书稿是在我的广西哲学社会科学规划研究课题《基于东盟旅游宣传资料的英语变体研究》结题报告的基础上，经过3年多的打磨，不断补充和完善，最终成书。对于一个初涉语料库的研究者来说，每一步都极其耗费心力。感谢我在广西大学外国语学院的同事们，对我的研究给予的支持和肯定；也感谢我的家人，对我无条件的鼓励和肯定！每当研究遇到瓶颈时，是他们的支持和鼓励让我重拾信心，才有了坚持下去的动力！

在本书撰写过程中，查阅了大量有关中国—东盟合作、东盟国家概况和语料库语言学的相关文献与资料，在此表示衷心的感谢，文中引用已在书后参考文献中一一列出，如有遗漏，敬请谅解。作者才疏学浅，书中难免存在遗漏之处，恳请广大读者不吝批评指正。

吴虹

2021年11月

目　录

第一章 绪 论

东南亚国家联盟的前身是由马来西亚、菲律宾和泰国等国家于1961年7月31日在曼谷成立的东南亚联盟，1967年8月7日至8日，印度尼西亚、新加坡、泰国、菲律宾四国外长和马来西亚副总理在泰国首都曼谷举行会议，发表了《东南亚国家联盟成立宣言》，即《曼谷宣言》，正式宣告东南亚国家联盟（以下简称“东盟”）的成立。随后，1984年文莱加入、1995年越南加入、1997年缅甸和老挝加入，1999年4月30日，柬埔寨也加入了东盟。至此，东盟形成了现在为众人所熟悉的十国格局。东盟国家是中国的友好近邻，与中国地理上山水相连或隔海相望、历史上友好和睦、文化习俗上相近相通，拥有广泛的共同利益。随着中国和东盟开始对话、政治交往的不断加深，中国和东盟在各方面的合作也不断深化。

本书正是基于中国与东盟合作的大背景下萌生的研究。英语是东盟的主要工作语言，但东盟各国英语极具特色。同时，旅游是东盟多个国家的重要支柱产业，各国在旅游宣传上都下了不少功夫。因此，本书以东盟各国旅游宣传资料为研究对象，试图分析东盟各国英语在旅游文本中的特点。本章是对中国与东盟、广西与东盟的合作交往情况的一个简要介绍。

第一节　中国与东盟的合作往来

中国与东盟自1991年便开始对话进程，5年之后，1996年3月中国明确提出希望成为东盟全面对话国，这个倡议得到东盟各国的积极响应并获得同意。中国成为东盟的全面对话伙伴，并首次出席了1996年7月举行的东盟与对话伙伴国会议。中国及东盟国家总人口数量接近20亿，超过了世界人口总数的四分之一。

1997年12月，首次东盟—中国领导人非正式会议在马来西亚首都吉隆坡举行，会议发表了《中华人民共和国与东盟国家首脑会晤联合声明》，宣布建立中国—东盟面向21世纪的睦邻互信伙伴关系，中国与东盟关系随之进入一个新阶段。2003年10月，中国与东盟国家领导人在印度尼西亚巴厘岛签署并发表了《中国与东盟面向和平与繁荣的战略伙伴关系联合宣言》，与东盟建立了面向和平与繁荣的战略伙伴关系。

一、中国与东盟的合作

自中国成为东盟的全面对话伙伴之后，中国与东盟逐步建立起了较为完善的对话合作机制。自1997年起，每年都举行了中国—东盟领导人会议，主要讨论与中国和东盟相关事务，共商合作、共谋发展。还有针对特殊事件召开的中国—东盟领导人特别会议，如2003年的中国—东盟领导人关于非典型性肺炎问题的特别会议和2006年的中国—东盟建立对话关系15周年纪念峰会等。除领导人会议外，还有中国—东盟外长会议机制，主要负责协调落实领导人会议成果，为下次领导人会议做准备。2020年2月，中国—东盟关于新冠肺炎问题特别外长会议在老挝万象举行，并发表了《中国—东盟关于新冠肺炎问题特别外长会联合声明》；中国—东盟部长级会议机制，涉及卫生、商务、海关、质检、执法安全、文化、教育、交通等10多个部门的部长级会议等。

2013年是中国—东盟建立战略伙伴关系10周年，中国国家主席习近平访问东南亚国家，倡议与东盟携手建设更加紧密的中国—东盟命运共同体，共同建设“21世纪海上丝绸之路”。在接下来的几年中，几乎每一年都有不同主题的交流与合作：2014年是中国—东盟文化交流年、2016年是中国—东盟教育交流年、2017年是中国—东盟旅游合作年、2018年是中国—东盟创新年、2019年是中国—东盟媒体交流年，而2020年则是中国—东盟数字经济合作年。

2016年是中国与东盟建立对话关系25周年，同年9月，第19次中国—东盟领导人会议暨中国—东盟建立对话关系25周年纪念峰会在老挝万象举行，会议发表了《联合声明》；2018年是中国和东盟建立战略伙伴关系15周年，同年11月，第21次中国—东盟领导人会议暨庆祝中国—东盟建立战略伙伴关系15周年纪念峰会在新加坡举行，会议发表了《中国—东盟战略伙伴关系2030年愿景》和《中国—东盟科技创新合作联合声明》等文件。

二、中国与东盟的经贸成就

在2002年11月召开的第六次中国—东盟领导人会议上，双方签署了《中国与东盟全面经济合作框架协议》，启动了中国—东盟自贸区的建设，确定了2010年建成中国—东盟自由贸易区的目标。2005年7月，中国—东盟自由贸易区《货物贸易协议》开始实施，双方7000余种商品开始降税，贸易额持续增长。2010年1月，中国—东盟自贸区如期全面建成，成为世界上人口最多、发展中国家最大的自由贸易区，拥有18亿的消费者。

2014年，中国与东盟启动了自贸区升级谈判；2015年11月，双方在马来西亚吉隆坡正式签署了《关于修订<中国—东盟全面经济合作框架协议>及项下部分协议的议定书》（以下简称《协定书》），这是中国完成的第一个自贸区升级协议，是对原有协定的补充、完善、丰富和提升，体现了中国和东盟在进一步深化经贸合作上的共同愿望，标志着中国—东盟自贸区升级谈判正式结束；2016年7月1日，《议定书》率先对中国和越南生效；2019年8月，所有东盟国家均完成了国内核准程序，10月，《议定书》对所有协定成员全面生效，在服务贸易、投资领域、原产地规则、贸易通关规定等方面都降低了门槛，进一步强化了自贸区的优势，有力地促进了贸易发展。

由此可见，在过去的30年间，中国和东盟国家在政治、经济等领域开展了深入的交流与合作，携手共同发展。“截至2014年底，中国和东盟累计双向投资额超过了1300亿美元，其中东盟国家对华投资超过900亿美元。”① “2018年，（中国与东盟）双向投资累计超过2000亿美元，基本实现了双向平衡。②” 2019年，“中国—东盟贸易额达6414.6亿美元，同比增长9.2%。其中，中国向东盟出口3594.2亿美元，较上年增长12.7%；从东盟进口2820.4亿美元，增长5.0%”③。东盟首次超过美国，成为中国第二大贸易伙伴。2020年，中国已经连续12年成为东盟最大的贸易伙伴，而东盟则再次赶超，超越欧盟，首次成为中国最大的贸易伙伴④。

三、中国与东盟的人文交流

伴随着政治、经济上越来越紧密的联系，中国与东盟国家之间的合作也不断扩展，从政治、经贸方面的交流延伸到各个领域，特别是人文交流合作领域，更是蓬勃发展，成效显著。

---

① 资料来源：http：//finance.people.com.cn/n/2015/0729/c1004-27378764.hTIl；获取时间：2016年3月20日。

② 资料来源：http://finance.sina.com.cn/world/gjcj/2019-11-04/doc-iicezuev6954667.shtml；获取时间：2020年10月20日。

③ 资料来源：http://www.asean-china-center.org/asean/dmzx/2020-03/4612.html；获取时间：2020年10月20日。

④ 资料来源：https://www.globaltimes.cn/page/202101/1212785.shtml；获取时间：2021年1月15日。

在教育领域，中国与东盟通过“中国—东盟教育交流周”平台加强交流与合作，自2008年以来，中国—东盟教育交流周已经连续举办12届，逐渐发展成为中国与东盟国家教育合作和人文交流的重要平台。到目前为止，“中国与东盟十国都签署了教育交流合作协议，与菲律宾、马来西亚、越南、泰国签署了互认学历学位协议，在除文莱以外的东盟国家共开设了33所孔子学院和35个孔子课堂”[①]。

在文化领域，中国与东盟十国均签署了文化合作协议，包括2005年签署的中国—东盟文化合作谅解备忘录。截至2020年，作为中国—东盟博览会框架下的重要系列活动中国—东盟文化论坛已成功举办了15届，该论坛一直以来都围绕着文化遗产的传承和保护、文化产业发展、节庆活动、文化遗产与旅游等话题展开充分的对话，在促进中国与东盟的文化和旅游合作发挥了积极作用。

在旅游领域，中国与东盟国家在大力发展旅游业、加强旅游合作上有宽广的前景。中国与东盟旅游资源互补性强，旅游合作一直是双边区域合作的重要内容。中国与东盟国家已互为重要的客源市场和旅游目的地，形成了双向交流、优势互补、互利共赢的良好局面。2016年9月，第19次中国—东盟（10+1）领导人会议将2017年确定为“中国—东盟旅游合作年”。数据显示，2016年上半年，按入境旅游人数排序，中国主要客源市场前15位国家中，有6个是东盟国家。同样，东盟国家也是中国入境旅游较大的客源来源地之一，马来西亚、新加坡、菲律宾、泰国、印度尼西亚等国一直稳居中国入境旅游的15大客源国之列，每年从东盟入境中国旅游的总人数都在1000万人次以上。中国和东盟双向人员往来已从2003年的387万人次增至2019年的6000万人次，旅游交流规模创历史新高。2018年，最受中国游客欢迎的十大目的地国家有7个来自东盟国家[②]。“2018年，东盟国家来华旅游约2540万人次，同

① 资料来源：https://www.sohu.com/a/342176612_162522；获取时间：2020年10月20日。

② 资料来源：http：//www.cnta.gov.cn/xxfb/xxfb_dfxw/gx/201610/t20161019_786827.shTIl；获取时间：2016年11月1日。

比增长约19.3%。[①]” 2019年，每周平均约有4500个航班穿梭于中国和东盟的上百个城市之间，中国已成为东盟第一大境外游客来源地，东盟也是中国游客最喜爱的旅游目的地之一[②]。

四、小结

2021年是中国和东盟建立对话关系的30周年。经过多年的共同努力，双方政治互信明显增强，中国与东盟的经贸合作也在经历了2004至2013年这个“黄金十年”之后，在2014至2023年这个“钻石十年”中取得了卓越的成效。政治、经贸领域的合作之外，其他领域合作不断拓展和深化，中国与东盟在各方面的合作发展都呈现出广阔的前景。

第二节　广西与东盟的交往

位于中国南疆的广西壮族自治区（以下简称广西），具有特殊的地理位置，其背靠大西南，毗邻粤港澳，对接东南亚，是连接西南内陆与东南沿海的重要枢纽，是我国唯一一个与东盟国家既有水路相连，也有陆路接壤的省区。

2003年10月，时任中国国务院总理温家宝出席了在巴厘岛召开的第七次

① 资料来源：http://www.asean-china-center.org/asean/dmzx/2020-02/4249.html；获取时间：2020年10月20日。

② 资料来源：http://www.asean-china-center.org/asean/dmzx/2020-03/4612.html；获取时间：2020年10月20日。

中国与东盟（10+1）领导人会议时提议，每年召开中国—东盟博览会，同期举行中国—东盟商务与投资峰会，会议举办地设在中国广西的首府南宁，这一提议得到东盟十国领导人的欢迎和认可。自2004年起，由中国商务部和东盟国家有关部门主办的中国—东盟博览会和中国—东盟商务与投资峰会每年都在南宁举办，同期在南宁及周边城市还举办了各分论坛，涵盖了海关、检验检疫、金融、港口、物流、文化、科技、卫生、教育等领域。

广西作为中国与东盟国家的枢纽城市，也是大湄公河次区域、环北部湾经济区、泛珠三角区域的重要组成部分，在中国与东盟国家的交往中发挥了重要作用。优越的区位优势有利于提升区域经济格局中的战略地位，更有利于广西将旅游资源优势转化成为经济产业优势，2019年8月，国务院正式同意设立中国（广西）自由贸易试验区，自贸试验区的战略定位是“全面落实中央关于打造西南、中南地区开放发展新的战略支点的要求，发挥广西与东盟国家陆海相邻的独特优势，着力建设西南中南西北出海口、面向东盟的国际陆海贸易新通道，形成21世纪海上丝绸之路和丝绸之路经济带有机衔接的重要门户”[①]。

近年来，中国与东盟在广西的经济文化交流日益增多。东盟连续20年成为广西最大的贸易伙伴，“2010年至2019年，双边进出口总额达2119亿美元，年均增长19.9%，高于同期全国对东盟贸易年均增速10.7个百分点。2019年广西对东盟进出口达334.5亿美元，为2010年的5倍。[②]”据南宁海关和广西商务厅联合举办的新闻发布会介绍，2020年广西对东盟进出口达到2375.7亿元，呈持续增长态势。

广西拥有丰富多彩的旅游资源，独具特色的亚热带风貌，奇山秀水的喀斯特地貌、多姿多彩的民俗风情、健全的城市旅游功能、四通八达的立体交通、舒适的旅游环境、完善的旅游接待设施，是国内外游客乐于选择的旅游目的地之一。广西是全国少数民族最多的省区，壮、汉、苗、瑶、侗等11个

---

① 资料来源：https://www.sohu.com/a/355074411_114731；获取时间：2020年11月30日。

② 资料来源：http://www.gxnews.com.cn/staticpages/20201128/newgx5fc2307d-19967414.shtml；获取时间：2020年11月30日。

世居民族在这里共同生活。其中，壮族是少数民族中人口最多的民族，占全区人口的33%，壮族也是中国少数民族人口最多的一个民族。同时，广西的许多民族与东盟国家的多个民族有亲缘关系，如广西的壮族与泰国的泰族、越南的仿族与依族，广西的京族与越南的越族都有亲缘关系；广西的壮语与泰国的方言有相似性，某些单词发音相同。广西与东盟国家地理相近，旅游资源互补性强，加上相似的文化、民俗背景，增加了东盟与广西的亲近感，使得广西在与东盟开展旅游合作上享有得天独厚的条件和优势，因此，面向东盟的广西旅游业发展迅速，2004年广西共接待东盟国家游客近32万人次，2010年，广西接待东盟国家游客达到近65万人次①，而在2015至2017这3年间，广西接待东盟游客累计达126.8万人次②，游客接待数量逐年增多。

第三节　英语在中国—东盟交往中的作用

英语是中国与东盟交往中的主要工作语言，发挥着极其重要的作用。

虽然同为东南亚国家，地理位置相近，但东盟十国大多为多民族、多语言的国家，他们的语言和语言政策也不尽相同。在东盟十国中除了泰国，其他9个东盟国家都曾经有被殖民的历史，尽管民族、文化、语言多元，但随着英语作为国际通用语的地位越来越凸显，虽然其语言文字曾经受法语、西班牙语或中文影响，但英语都在这些国家逐渐占据越来越重要的地位。特别是在2007年11月20日经由东盟领导人在新加坡签署，并于2008年12月15日正式生效的《东盟宪章》，是东盟成立40多年来第一份具有普遍法律意义的文

① 数据来源：http://www.chinanews.com/cj/2011/12-30/3573358.shTIl；获取时间：2015年9月20日。

② 数据来源：http://news.cyol.com/yuanchuang/2018-10/30/content_17732553.htm；获取时间：2019年10月20日。

件，该《宪章》的第34条将英语设定为东盟唯一的工作语言，奠定了英语在东盟国家之间及东盟对外交往的官方语言地位。

在中国与东盟的交往中，英语也是主要的工作语言。2004年至2016年12年间，在东博会框架下中国—东盟博览会和中国—东盟商务与投资峰会在南宁及周边城市举办共举办了200多个会议论坛，涵盖40多个领域，共有83位中外领导人、3300多位部长级贵宾出席，吸引了83.2万名中外客商参展参会[①]。这些会议、论坛的与会人员除了来自中国和东盟国家，还有来自日本、韩国、印度、美国、澳大利亚、新西兰和法国等其他国家，英语是大多数会议参与者的主要工作语言。

① 数据来源：http://www.nnrb.com.cn/nnrb/20201127/html/page_01_content_002.htm；获取时间：2021年3月20日。

第二章　英语变体及相关研究

英语已成为当今世界通用的国际语言，在国际交流中起着重要的作用。英语从伊丽莎白一世统治的“伊丽莎白时期”到现在伊丽莎白二世当政的四百多年的时间里，世界上说英语的人数从600万左右增加到了约1.5亿。从19世纪起，由于第二次工业革命，英国海外贸易和殖民扩张进度迅猛，英国成为“日不落帝国”，曾经英国的殖民地在独立后也多采用英语作为其官方语言，使得英语的使用范围不断扩大。随着美国的崛起、两次世界大战和经济全球化等影响，世界各国的交流日益密切，商务合作、学术交流、旅游休闲等国际交往日益频繁，英语传播速度加快，特别是到了20世纪的下半叶，英语在全球范围内逐渐扩张，其作为国际通用语的地位得到巩固，世界各国、不同种族、不同肤色的数十亿人都在使用英语，而且，英语非母语的使用者已经超过了英语为母语的使用者。大量带有本土特色的英语地域变体涌现，世界英语变得多元化。使用英语的人口的迅速扩大引起了语言学界的关注，关于世界英语（World English）、英语变体（English Varieties）和英语作为通用语（English as a Lingua Franca，ELF）的研究成为当今英语语言学界的又一热门话题。

学界对英语变体的态度也逐步由“唯‘标准英语’（standard English）独尊”过渡到“对‘恰当英语’（proper English）的认可”。著名语言学家

Andy Kirkpatrick（2007：7）认为无论是何种英语，如英国英语或者马来西亚英语，都曾受到其他语言的影响，带着其所处国家文化的烙印。英国英语也好，马来西亚英语也好，二者的区别恰恰是两个国家文化差异的体现。如果在学习英语的过程中“唯英国英语独尊”，即意味着在语言学习的过程中接受英国文化的渗透。

瑞典学者Marko Modiano（1999）提出了一个花朵模型用以描述英语作为国际语言（EIL）（如图2-1所示）的使用。在这个花朵模型中，花心也就是核心部分是指英语作为国际语言使用的核心特点，是母语为英语和母语为非英语的人士在使用英语时都共同具备的特点。花瓣部分则代表不同的英语变体所各自独有的语言特点。Modiano的这一模型主要是从英语语言的使用特点进行划分的。

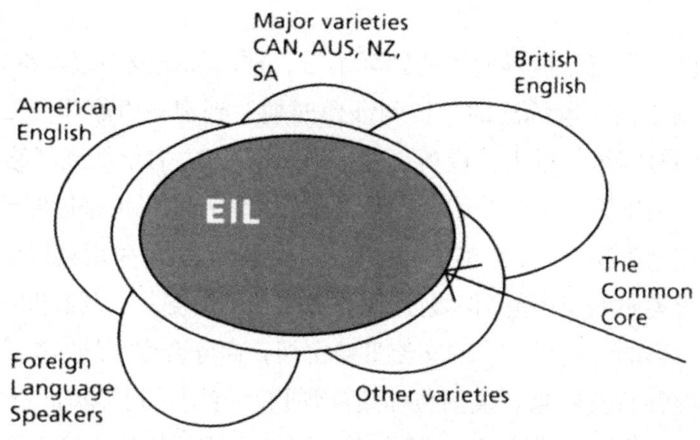

图2-1　英语作为国际语言的使用模型（Modiano, 1999, P10）

更多学者则是从语言使用者出发对英语的使用进行划分。在20世纪70年代英国语言学家Barbara M. P. Strang（转引自Schneider，2011）就提出一个三分法，将英语的使用分为英语为母语（English as a Native Language，ENL）、英语为第二语言（English as a Second Language，ESL）和英语为外语（English as a Foreign Language，EFL）三种情况。Strang的这种分类法也在其提出之后经由更多学者不断完善和发展。

美国著名语言学家Braj B. Kachru（1985）将世界英语分布情况用“三个同心圈”来表示，三个同心圈分别由内圈、外圈和扩展圈组成（见图2-2）。

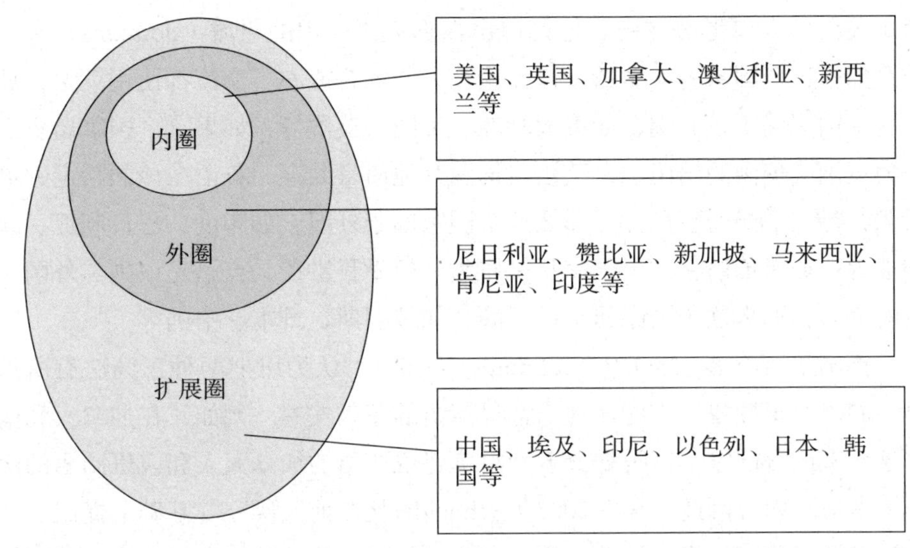

图2-2　三个同心圈（根据Kachru的三个同心圈模型绘制）

内圈国家包括传统的以英语为母语的国家：美国、英国、加拿大、澳大利亚和新西兰，在这些国家中，以英语为母语的人口约在3.2亿～3.8亿人；外圈国家的构成有其语言、政治和社会文化背景，特别是长期经受英语为母语殖民的国家，外圈国家通常满足以下两个条件：一是英语是这些国家使用的两种或多种语言之一，二是英语在这类多语言国家的语言政策中已取得了重要的地位，如尼日利亚、赞比亚、新加坡、马来西亚、肯尼亚和印度等，这些国家使用英语的人口约为3亿～5亿人；扩展圈国家则指世界上其他以英语为外语的国家，这些国家通常与内圈英语国家在地理上相距甚远，并不曾有被内圈英语国家殖民的历史，如中国、埃及、印尼、以色列、日本、韩国、尼泊尔、沙特阿拉伯和津巴布韦等，扩展圈国家中使用英语的人口约为5亿～10亿人。由于政治、经济、科技和文化交流的需要，英语广泛应用于国际往来中。特别是在20世纪下半叶，许多母语为非英语的国家都将英语学习纳入教育体系，在过去50年间，Kachru的同心圈模型中扩展圈国家使用英语的人口在不断且迅速地增长。

瑞典的语言学者Gunnel Melchers和Philip Shaw（2003）认为对英语变体的研究应区分国家、语言和使用者等，Kachru的同心圈模型没有将一个国家使用英语的人口考虑在内。他们提出根据英语使用的语域（domains）来划分：如果这个国家的大多数人口无论在公共场合或私下交流都使用英语，那么这个国家属于核心圈，如澳大利亚、美国、英国等；如果这个国家历史上曾为英国或美国的殖民地，英语与该国其他语言共存，英语在该国特定领域（如法律界、中学教育等），那么这个国家属于外圈，如印度、尼日利亚、新加坡等；如果英语在一个国家只是作为一门学科讲授，英语是该国与外国交流的语言，那么这个国家属于扩展圈，如俄罗斯、日本、中国等。

德国语言学者Edgar W. Schneider（2011）认为以上两种三分法有所重叠，同时过于抽象，没能体现出世界英语的蓬勃发展。例如，在加拿大和南非这些多语言国家，这类划分无疑没有将说法语的加拿大人和说班图语的南非人考虑在内。因此，早在2003年Schneider就在前人研究的基础上提出了一个后殖民时代英语发展的动态模型，将后殖民时代的英语发展分为5个阶段，补充完善了英语变体的理论。

除此之外，英国语言学家Peter Strevens（1980）也曾提出过世界英语的树形地图，该树形地图将英语分为英国英语和美国英语两个主要分支，两大分支下各有其他变体分支，如非洲英语、加勒比英语、南亚英语、亚洲英语等。

中国的学者文秋芳、俞希（2003）也提出过“双层英语”假设，认为英语通用语应由两个层面组成。第一层为英语的共核部分，第二层为本土化英语，体现英语使用者的地域或文化特征。

这些模型和假设的提出丰富了英语变体的理论，但影响最大的还是Kachru的“三个同心圈”模型，Kachru已成为英语变体领域研究的领路人，他的学术理论和观点极大地促进了相关研究的发展。Kirkpatrick（2010）)认为，文莱、马来西亚、菲律宾和新加坡可以被归类为外圈国家，因为它们都有被英国或美国殖民的历史，而且英语一直是这些国家使用的主要语言之一。缅甸虽然曾经是英国殖民地，但英语在缅甸的应用一度因1962年的军事政变后的政策影响而减弱。因此，缅甸和其他东盟国家一样，应划入扩展圈。因此，尽管Kachru的模型存在一定的不足，本书在东盟十国英语变体的分类也仍将沿用该模型的分类原则，并参考Kirkpatrick的观点，将十个东盟国家的英语分为外圈和扩展圈两类。

第一节　英语变体的国外研究

随着世界英语不断发展，学术界对于各类英语变体的观点已逐渐从“标准英语”“恰当英语表达”转变为兼容并包。Kachru（1992）指出，即使在英国或美国这样的内圈国家，英语都有其多样性，因而无论是在内圈国家还是外圈国家，各种英语变体都应得到认可，他呼吁对这些英语变体都展开研究。Bolton（2008）认为，在像中国、日本、柬埔寨、印度尼西亚、泰国等这类的扩展圈国家，英语的使用、功能和特征等问题研究较少，都值得关注。Schneider（2014）也提出，亚洲是世界上英语使用者人数增长最快的地区，在中国、日本、韩国等亚洲国家都非常重视英语教学。因此，对英语在亚洲地区的传播、习得和使用进行全面系统的研究是非常有必要的。可以看出，学术界已经普遍承认英语变体的存在，并不再强调“标准英语”，只要能达到交流的目的，英语变体就有其存在的意义。因此，对各类英语变体的研究也如火如荼地开展起来。例如，Allison Edwards和Samantha Laporte（2015）比较了荷兰英语、香港地区英语和新加坡英语中介词into的用法，得出扩展圈国家并不完全等同英语为外语国家（EFL）的结论。

一、英语变体的语音语调研究

在英语变体相关论文中，更多的还是对地域变体特征方面的研究，可见该方向是近年研究的热门，这类研究又可以分为不同英语变体的比较研究和单一英语变体的特征研究。

不同英语变体的比较研究有：Joybrato Mukherjee和Stefan Th. Gries（2009）用语料库的方法对英国英语、香港地区英语、印度英语和新加坡英语动词使用上的异同进行了比较研究，认为新英语变体发展越完善，其与英国英语的差异越大。Georgie Columbus（2010）比较了新西兰英语、英国英语和印度英语中的非变量标签（invariant tags），并深入研究了其中四种（yeah, eh, no, na），发现虽然三种英语变体都有这四种语篇标签，但在各英语变体中它们的功能和分布却不尽相同。Marianne Hundt et al.（2012）基于网络建立语料库比较了南亚英语（印度、巴基斯坦、孟加拉和斯里兰卡）与英国英语在虚拟条件句中系动词和情态动词在“if-条件句”中的异同。Elena Seoane和Cristina Suarez-Gomez（2013）对香港地区英语、印度英语、新加坡英语和菲律宾英语在完成时态使用上与英国英语进行了比较。

Javier Calle-Martin和Jesus Romero-Barranco（2014）对亚洲英语变体中不定式的分隔现象进行了研究，发现与英国英语相比较，不定式的分隔现象在亚洲英语变体中更常见。Jette G. Hansen Edwards（2016）研究了中国英语、香港地区英语和越南英语中对词末辅音连缀中/-t，-d/的省略情况，发现虽然省略情况都受词汇情况、所处语言环境和说话人的熟练程度影响，但不同变体的省略情况有所区别。

此外，还有Maria Luisa Carrio-Pastor和Rut Muniz-Calderon（2013）对印度和中国的英文商务信函与V. K. Bhatia提出的标准英文商务信函结构进行了比较和分析；Sandra C. Deshors（2015）对美国英语和香港地区英语中动名词和不定式结构的使用进行了比较分析；Marco Schilk和Steffen Schaub（2016）对五个英语变体中的名词短语结构的复杂性开展了研究等。

对单一英语变体的特征研究包括：Collins et al.（2014）对菲律宾英语中情态用法（情态动词may，might，must，ought to，shall，should和准情态be able to，be going to，be supposed to，have to，need to，want to）的使用进行了历时研究；E-Ching Ng（2016）指出在新加坡的华人其英语有显著的词尾升调的情况，而这种显著特点的形成不仅是来自汉语的影响，也有马来语的影响。Ke Ji（2016）基于亚洲英语语料库（ACE）中国部分的语料研究中国—东盟交际语境下中国说话者使用英语作为通用语的词汇语法特征，包括词汇创新、非标准的介词使用、句子成分（主语、宾语、系动词等）的省略。Noor Mat Nayan和Jane Setter（2016）对马来西亚英语的语调，特别是升调进行了分析。

除了以上特征分析之外，国外还有学者对英语变体的认同感、英语变体的语音研究、英语变体的词汇研究和英语变体教学研究进行了探索。

对于英语变体认同感的研究有：David C. S. Li（2009）对受过大学教育的中国人进行口音偏好调查，发现大约有80%的受访者更倾向于使用带有英音或美音口音的英语，而其余20%的受访者则愿意说带有本地口音的英语来表达他们的母语文化身份，但同时这20%的受访者也担心他们的本地口音可能会导致可理解性的问题，这表明说话者的文化身份和可理解性之间存在矛盾。Mingyue Gu等（2014）从定位理论出发在香港一所大学展开研究，探讨在ELF语境下跨文化交际中说话参与者身份认同的动态构建，认为ELF使用者的身份构建会受其自身文化和历史的影响。David West Brown（2014）对新加坡热门青少年论坛中的口语特点进行分析，认为这些特点是新加坡青少年身份确立和认同的重要方式。Chit Cheung Matthew Sung（2016）对口音和身份认同的关系做了研究，发现在受访的18名香港英语专业学生中，口音偏向美音的说话者倾向于展示自己是高水平的二语使用者，而口音倾向于带有本地口音的说话者则想表达自己的母语文化身份。但是，无论他们作何选择，口音的可理解性是说话者选择的口音偏好的出发点。

对英语变体的语音可理解性研究有：Murray J. Munro和Tracey M. Derwing（1998）发现汉语为母语的人说英语的语速放慢时会对母语为英语的听众的理解造成影响，同时他们也发现，为了提升理解，语速并非越慢越好。Hiroko Matsuura et al.（2014）研究了口音和语速是否影响听者对不同英语变体的理解，发现在听口音较重的音频时，较慢的语速有利于听者理解，而在听口音较轻的音频时，语速的快慢对理解性的影响不大。Mami Orikasa（2016）在37名日本的英语学习者中考察了他们对不同英语变体的可理解性的因素，发现影响可理解性的主要因素在于语速。

二、英语变体的语法和语用研究

也有相当一部分学者围绕着英语变体的语法和语用展开研究。

从宏观角度，Ayo Bamgbose（1998）认为对英语变体的关注应该更多地放在这些英语变体中具有普遍性的用法，并对这类用法进行归纳，如无归纳，变体使用者则无法确定哪些用法属于变体特色，而哪些用法属于语用错误。Barbara Seidlhofer（2009）认为世界英语与ELF研究有差异但也有许多共同点，语言接触、变体和变化、语言规范及其接受、语言的所有权，以及社会身份的表达等都是两者研究的核心，与社会语言学、社会心理学和应用语言学等领域密切相关，因此，尽管ELF与后殖民英语不完全相同，但这类研究也会反过来促进、完善世界英语的划分；她进而呼吁建设更多的大型语料库，认为这有利于对这些变体进行更多的描述性研究，同时也会从一些有趣的角度完善英语变体的理论。

Alessia Cogo和Martin Dewey（2006）基于两个小型ELF英语口语语料库分别从语用和词汇语法角度进行了探索。其中，语用口语语料库以两人对话为主，但也包括了小组讨论和非正式会议，全部为自然环境下发生的对话，语料库共有50小时的录音，作者转写了其中13小时的录音。词汇语法口语语料库则收录了42个不同场景的对话，收录对象也以自然环境下发生的对话为主，作者转写了38个场景共8小时的录音，转写后的录音共有55名参与者，涉及多达17种不同的母语。

作者通过语用语料库考察了语言交际中的误解现象、反馈语，以及言语适应理论的体现；通过词汇语法语料库，作者观察到了动词第三人称单数不加-s和复数主语动词加-s的屈折变化情况。Seidlhofer（2011）对语言交际的形式和功能的关系进行分析，她指出，母语非英语的英语使用者出现不符合“标准英语”和母语为英语的使用者的习惯用法可以看作他们将语言作为交际资源而进行有效的、战略的使用的结果；她认为语言的发展是一种自我调节，而这样的自我调节可以增强功能的有效性。Alessia Cogo和Martin Dewey（2012）通过研究突出的介词、冠词和搭配等词汇和语法的使用，试图分析语用与词法之间的关系以及造成ELF中新表述的动机和潜在原因。

三、英语变体相关的英语教学研究

Jenifer Jenkins（2000）)提出了通用语核心和非核心的概念，通用语核心是指英语中的某些发音特点对英语作为国际通用语使用时的可理解性会造成显著影响，而非核心则是指一些不影响可理解性的发音特征，如弱化、省略等，并建议在教学中主要关注通用语核心。Barbara Seidlhofer（2004）和一些学者（Hollander, 2002; Kordon, 2003; Seidlhofer, 2003 etc.）分析了基于维也纳—牛津国际英语语料库（VOICE）英语作为国际通用语时一些常见的语法错误，如动词第三人称单数没有加-s、关系代词who和which的混用、冠词和介词使用不当等，认为这些语法错误虽然常见，但不影响交际，因此英语教师在教学中没有必要花费过多的时间去纠正这类错误；因此，Seidlhofer也重申了Sandra McKay（2002：125）提出要发展和完善将英语作为国际语言进行学习和教学的综合理论，其中包括教学目标："（1）保证可理解性而非坚持正确性；（2）帮助学习者培养交际互动策略，以促进友好关系；（3）培养文本能力（学习者选择的阅读和写作技能）"和教学方法"（1）谨慎选择材料中的文化内容；（2）教学过程中的内省；（3）尊重当地文化"等。Seidlhofer认为：将英语非母语的学习者与英语为母语的学习者区分对待将有利于英语非母语的学习者减少压力，抛下不切实际的期望，从而更加自信地学习和使用英语。

Nicola Galloway和Heath Rose（2014）则提倡通过听力输入使学生熟悉不同的英语变体，以达到提高学生在英语使用上的全球化意识。Yuxiu Hu（2016）在进行汉语为母语的英语学习者英文写作分析时发现：汉语为母语的英语学习者在英文写作中出现的错误以时态错误、动词形态错误居多，因此得出母语对外语学习的影响多体现在语法和句法上而非词汇的结论。Lixin Xia et al.（2016）建议在中国英语语料库的基础上编撰EFL词典以帮助中国的英语学习者掌握具有中国特色的英语表达。David Deterding（2017）一项基于广西学生英语发音问题的研究发现，许多地方口音的发音特点是可以保留的，因为不会造成可理解性问题，教师在教学中应更多关注少部分对可理解性造成影响的发音问题。

四、小结

这些研究囊括了口语体和书面体，语音、词汇、句法和语篇等，增进了对不同英语变体的了解，也在一定程度上为英语教学指引了方向。然而，从以上文献梳理也可以看到，针对与亚洲英语变体的研究，特别是东盟国家的相关研究还相对较少，而东盟国家中，研究重点多放在新加坡、菲律宾、文莱和马来西亚这几个外圈国家，对东盟十国中的扩展圈国家的关注远远比不上对上述几个外圈国家的关注。

第二节　英语变体的国内研究

相较于国外对各种英语变体如火如荼地研究和探讨，国内在这方面的研究远远不足。在中国知网对相关研究进行检索，关键词为“英语变体”，检索时间为2011—2020年的十年，共发现414篇论文，相对于其他动辄上百篇的热门话题，除了2012年62篇和2014年64篇的峰值，相关论文每年发表的数量都在50篇以下，最近5年都保持在每年不超过30篇的幅度，说明关注度较少。从主题分布来看，“中国英语”有119篇，“世界英语”有46篇，“东南亚英语”只有6篇，这说明国内大多数相关论文的研究都主要集中在“中国英语”上，以中国英语学习和教学为主，而对“世界英语”和其他英语变体的关注较少。高一虹和许宏晨（2015）对“世界英语”和“中国英语”的研究发展进行了梳理，讨论了“世界英语”理论面临的一些挑战及其相关回应，并对作为“世界英语”中一员的“中国英语”的未来研究提出了建议。高一虹于2015年在“第八届英语作为通用语国际研讨会”上首先梳理了英语作为通用语的理念发展，并指出该理念发展在英语教学、国际活动志愿者培训和国际发表等三方面的现实启示。除此以外，这些文章主要可以分为三大类：

英语作为通用语视角的研究、对英语变体本体的研究和文化身份认同和对英语变体的语言态度的研究。

一、英语作为通用语的研究

有不少学者从英语通用语视角对英语教学、跨文化交际等开展研究。

胡晓丽（2012）认为世界英语变体的发展对英语语言教学的目标、内容和评价等方面的理念都产生了影响，当前英语教学应注重对不同英语变体的学习、掌握全球文化与本土文化价值观之间的差异、培养学生的跨文化交际能力。

崔晓红（2012）在Jenkins提出的通用语语音核心方案的基础上提出英语语音教学内容应在坚持英音或美音为标准的同时适度对通用语核心语音的内容倾斜，同时，语音教学还应该加大学生对多种英语变体语音的适应性训练。

冉永平（2013）探讨了在语言多元、文化多元的语境下英语使用呈现出的语用特征，发现这些语用特征与英语作为本族语使用的单一语境中的语用特征的区别。

张伶俐（2014）对国外半个多世纪以来关于可理解性的研究进行了梳理和总结，对可理解性的内涵、影响因素以及相关的实证研究进行述评，同时，她还分析了这些研究的局限性，揭示这一领域未来的发展趋势，并提出中国英语语音教学应转向可理解性原则，而非传统的与本族语者接近的完美发音原则，让学生接触各种英语口音，以培养学生的全球英语意识。

朱建新、张海波（2014）认为随着世界权力中心的转移和亚洲的崛起，传统英语教育范式因"'标准英语'的不确定性"和"英语非本族语者习得本族语者英语的不可能性"已不再适应英语作为通用语的教学目标，因此提出把"英语作为亚洲语言"的教育范式。

文秋芳（2014）围绕着针对"英语通用语"是"实体"还是"非实体"这一争论展开，她认为之前学界"实体论"实际上是"单实体论"，"实体论"

和“非实体论”各自都存在问题，她进一步提出“多实体论”，认为ELF是多个实体的集合，对“多实体论”的理论体系进行了论述，进而对于未来“英语通用语”的研究提出了静态和动态研究相结合的研究方法。

张伶俐、汪卫红（2015）在英语作为通用语的理论框架下对如何提高大学英语教学的有效性，并从教学目标、教学内容、教学方法和教学评估等四个方面对大学英语听说教学的具体实施进行了阐述。

杨仙菊（2015）分析了英语作为通用语形势下的英语教学的语用标准，并创造性地提出将人种志研究方法应用于国内英语语用教学，即引导并鼓励学习者在语用学习的过程中参与、观察真实的英语交际过程，记录和分析该过程并对其进行反思，以提高学习者在英语作为通用语的语境下的交际能力。此外，以英语作为通用语的理念为基础，钱永红（2015）提出了关系程式的语用教学模式，认为教学单位应是完整的交际活动并能够促进对国际通用语礼貌规范为准则。

何德华（2015）分享了其在英语通用语框架下在台湾中正大学开设的英语通识课的语用教学经验，提出语用教学的新思维应该培养学生“多元文化价值观、同理心和认同感”以便能有效地进行跨文化沟通。

陈新仁、李民（2015）将语用失误界定为“跨文化交际者由于对当前语境下的显性或隐性社交语用因素的感知或表达不当而带来的交际问题或障碍”，列举了四种常见的语用失误类型，并提出了相应的教学建议。

冉永平、杨青（2015）认为以传统标准英语为参照的语用能力观并不适用于当今英语通用语背景下的多元化的交际环境，应该重新审视新时期应具备的语用能力。

文秋芳（2016）从英语通用语的视角，反对将语言文化绝对“可分”或“不可分”，并建议教师通过认知比较分析的方法对语言本体维度上的语言文化进行显性教学，对情景维度和语篇维度上的语言文化进行案例教学，同时，鼓励学习者学习多元文化，掌握主题维度上的语言文化知识。

俞希（2016）分析了中国五所英语专业排名靠前的高校，从教学大纲、课程体系和现有教材出发，探讨了英语作为通用语的背景下中国英语教学的情况，并指出应采用多层级和跨文化的英语学习策略。

文秋芳（2016）从语言、文化和语用三个部分构建了英语通用语的教学框架，以发展学生的跨文化能力。这些教学研究的共同之处在于都提倡跳出以英语本族语为单一标准的观念局限，鼓励学生多接触更多的英语变体，培养国际视野，提高在ELF语境下的语言交际能力。

李青青（2019）从语言变体的可理解性出发，基于前人提出的可理解性定义，提出可理解性量具应从测试者选择、被测试者选择和考题设计三个变量角度进行可理解性的测试。

二、英语变体本体的研究

对英语变体本体的研究有：

张黎黎、宋银秋（2011）在模因论基础上从文化学角度探讨了中国英语词汇产生的途径和模因产生的原因，并试图解释中国英语词汇中的强势模因与弱势模因，以揭示中国英语词汇的发展趋势。

叶萍、邹建萍（2011）从形式特征、功能角色和发展前景等方面对汉式英语和汉化英语进行了比较，并指出汉式英语是“中国英语学习者在学习英语过程中使用的中介过渡语”，属于“语言偏误现象”，而汉化英语则是一种具有中国特色的英语变体，是“规范的干扰性英语变体”，对汉化英语的恰当运用是当前对中国的英语学习者提出的新要求。

范勇（2012）以2009—2010年刊登在美国《纽约时报》中的与中国相关报道为语料，从中找出“中国英语”的样本，并对此进行分析，得出样本表述的构成特征和规律，并提出我国在对外宣传中可适当采用“中国英语”这样的“异化手法”，即可以给国外读者带来新奇的体验，又可以构建中国文化认同。

陈新仁、曹燕黎和陈露（2014）基于央视9套《对话》节目的部分语料从称呼方式、表达感谢的言语行为方式、话语标记词“you know”的使用以及会话组织方式这四方面探索了中国英语本土化的语用特征。

邹航（2015）从生物进化论的角度通过类比的方式用进化论中遗传性、突变性和过度繁殖性这三个特征分析了中国英语变体的形成和发展，他指出，中国英语和中式英语本质上没有区别，中国英语被包含于中式英语，中式英语会以一定的概率转化为中国英语。

徐品晶（2015）从语用顺应理论出发，对英语新词的产生、世界英语本土化和英语美国化进行了分析，并提出要在顺应语言发展的同时关注地方、民族色彩的英语变体。

战菊、李菲和付慧敏（2015）基于语言变异理论对中国英语的本质、产生的根源和其未来发展趋势作了解读，同时提出英语教学应以英美国家的英语为学习目标。

扈启亮（2019）探究了利比亚的英语历史、利比亚人民对英语的态度，以及利比亚英语的语音特征和语法特征。

刘昊、罗递敏（2020）以东南亚留学生为研究对象，从语音的角度分析了东南亚英语语音变体的特征，并将这类特征归为历史原因和母语影响。

三、英语变体与文化身份认同的研究

在文化身份认同与语言变体的关系方面，张天宇、周桂君（2014）认为每一种语言都有其文化根基，代表了不同的文化身份，世界英语变体包含了多元文化，而中国英语承载着中国文化和中国的意识形态，在国际交往过程中有助于建构中国人的文化身份。对于英语变体语言态度的研究如下所述。

武继红（2014）调查了在英语通用语视角下部分高校教师对中国英语的态度及其对教学行为的影响。研究发现目前高校英语教师的语言意识比较单一，在教学中倾向于尽可能帮助学生习得接近英语为本族语者水平，究其原因在于一是受试教师对英语通用语的认识不足，二是教师对规范英语的坚持符合他们的职业身份认同，三是ELF教学的实践研究尚不成熟。

除了对教师的语言态度做调查外，还有学者对大学生的语言态度做了考察，许宏晨、高一虹（2014）采用主观反应测试的方法考察参加四次大型国际活动的750名志愿者对世界英语变体的认知和态度。研究结果表明，参加活动之后的学生志愿者对世界英语变体的识别率有明显提高，对中国英语变体的态度更加积极，但对中国英语之外的英语变体的整体识别率较低；同时也反映出大学生认同英美英语变体的语言刻板印象存在延续的情况，说明大学生志愿者的多元文化意识培养面临着较大挑战。

此外，高一虹、许宏晨（2015）对国内外英语变体态度的研究做了综述。作者首先简要讨论了语言态度的基本概念和研究方法，其次分阶段概括地介绍国外对英语变体态度的研究，最后集中讨论国内该方面的研究，并指出目前语言态度研究存在的一些问题及其未来研究趋势。

薛芬和韩百敬（2018）发现前人对英语学习者语言态度的研究结果并不一致，于是他们基于英语通用语理论，在同一群体分别运用了直接法和间接法两种不同的测量，发现两种测量方法确实对同一群体在英语作为通用语的语言态度方面存在差异，直接法测量结果体现了更保守的语言态度，而间接法测量结果则更为包容。

四、小结

总的来说，以上研究主要集中于对中国英语变体形成的原因、途径及其语用特征进行考究，并且研究的层面主要是从词汇入手，对句法、篇章结构、语音的可理解性等方面的研究尚不足；在研究对象上，这些研究主要以中国英语变体为研究对象，对于国外英语变体的研究较少；在研究方法上，主要以文献分析法为主，例如关于英语通用语理论下的英语教学研究集中于理论层面的探索而涉及如何在教学中具体实施并考察教学效果的实证研究尚待补充。还要一个值得关注的现象就是随着“一带一路”倡议的提出，中国与“一带一路”沿线国家之间的交往日益频繁，我国学术界对他国英语变体的研究也有逐步扩展到“一带一路”沿线国家的趋势，这将增进中国对这些沿线国家的了解，促进中国与外方的交流与融合。

第三节　语料库语言学

语料库语言学（corpus linguistics）是基于大量真实的语言数据（即语料）的一种语言研究。研究者根据一定的标准在一定的范围内采集尽可能多的真实语料作为研究的素材，通过概率统计的方法得到数据，研究者可以根据这些数据得出结论，或进一步挖掘语言的奥秘。因此，从本质上说，语料库语言学属于实证研究（empirical study）。

在行为主义的影响下，语料库语言学从20世纪60年代开始发展，最早的语料库无论是建库还是统计都是由人工完成，最初只是进行词频统计等一般的分析，经过六十多年的发展，特别是在计算机技术飞速发展的推动下，语料库语言学的发展已经日趋成熟，研究者可以对文本进行不同层次的标注，从词汇、句法、语用、语音等层面进行研究，语料库的应用也越来越广泛，从语言分析、词典编纂、语言教学到翻译学研究等众多领域。可以说，语料库语言学的发展给语言的研究带来了革命性的变化。

Donald E. Walker（1994：366—367）认为语料库根据其内容可以分成4种类型：第一种是异质语料库（heterogeneous corpus），这类语料库在语料采集时并不遵循一定的原则或标准，只是尽可能多的采集各种语料并保存；第二种是同质语料库（homogeneous corpus），这类语料库在语料采集时遵循统一的标准，在内容上保持统一；第三种是系统语料库（systematic corpus），这类语料库在语料采集时会尽力选择具有广泛代表性的语料，这样才能反映出特定领域的语言全貌；第四种是专用语料库（specialized corpus），这类语料库的建库目的较为单一，仅为某一种用途采集语料。

随着语料库语言学的蓬勃发展，各种类型的语料库涌现，这些语料库有交叉、重叠，并不能简单地用Walker的四分法区分开来。根据语料的语种来划分，语料库可以分为单语语料库、双语语料库和多语语料库（根据语料的组织形式，双语和多语语料库又可以分为平行语料库和比较语料库）；根据时间来划分，语料库又可以分为历时语料库和共时语料库；根据加工程度划分，语料库还可以分为标注语料库和非标注语料库；如果根据表达形式来划分，语料库还可以分为书面体语料库和口语体语料库。

国内的语料库研究“可以追溯到20世纪80年代中期以上海交通大学杨惠中教授主持建成的JDEST学术英语语料库”（刘国兵，2008），此后国内学者在语料库方面的研究也是如火如荼，已知建设的大型语料库有：中国专业英语学习者口笔语语料库（Spoken and Written English Corpus of Chinese Learners）（王立非、文秋芳，2007）、中国英语语料库（China English Corpus）（李文中，2012）、中国英汉平行语料库（China English-Chinese Parallel Corpus）（王克非，2012）等。

在中国知网上搜索主题词为“语料库”和“英语变体”，从2006年至今仅找到43篇文献，在2012年的峰值也仅有8篇，在这些文献中，大部分也是从中国英语变体角度展开的研究，基于其他国家英语变体的语料库研究几乎是凤毛麟角。

第四节　小　结

综合并对比近年国内外面向英语变体的研究发现，虽然国外对英语变体研究开展较早，但无论是国外还是国内的研究者对英语变体的研究都较为集中在印度英语、菲律宾英语、新加坡英语这些处于英语外圈的国家或中国英语（虽然中国处于英语扩展圈，但随着中国国力日益强盛、在国际舞台上起到越来越重要的作用，对中国英语的关注也逐步受到重视），而对东南亚处于英语扩展圈国家英语变体的研究相对较少，这不利于提高我们对其他英语变体的辨识度，拓展我们的国际视野，增强我们在ELF语境下的语用能力。在英语作为通用语的今天，对国外英语变体的充分认识便于促进中国与外国的合作交流，因此该方面的研究值得更多地关注。

因此，学术界也渐渐把英语语言变体的研究目标转向“一带一路”沿线国家。本书选择东盟国家的英文旅游宣传资料为研究对象进行东盟国家英语变体的研究，通过建立一个以东盟十国英文旅游宣传资料为研究对象的专题语料库，可以使研究者更全面地考察东盟十国旅游资料文本的体裁惯例，了解东盟各国在介绍各自的社会、文化的倾向性，各国在旅游宣传方面词汇、句法的使用上是否存在异同，以及东盟英语变体的特点等。该语料库的建立为国内外语言学习者、研究者对东盟英语进行研究提供了便利，可以借助语料库分析东盟各国在旅游宣传中的语言特点，进而进行东盟英语变体研究；也能借此研究加深对东盟国家旅游、文化的了解，促进对东盟国家英语变体的认识。同时，本书也为面向东盟国家进行宣传的旅游文本翻译、东盟国家文化研究等提供了资料参考，对于促进广西乃至中国的旅游对外宣传，增进中国与东盟国家之间的旅游文化交流和了解都有重要意义。

第三章　东盟国家旅游宣传资料语料库概览

本书是以东盟国家旅游宣传资料为主要研究对象的语言变体研究，在自建东盟国家旅游宣传资料的单语语料库的基础上，根据语料库语言学的范式，依靠两个语料库分析软件：AntConc 3.4.4W和Wordsmith 8.0获取数据，并结合当代美国英语语料库[①]（Corpus of Contemporary American English，以下简称COCA）的数据从类符/形符比、词频、平均句长、具体词语和句式结构的使用等方面对获取的数据进行比较分析，以期找出东盟国家英语的特点，进行语言变体的研究，以及东盟各国在国家介绍、社会文化推介、旅游宣传等方面在语言使用上的异同点。

---

① COCA是杨百翰大学继英语国家语料库之后创建的一个当代美国英语语料库，截至数据分析时，该库大小为10亿词，收录了从1990年到2019年间每年平均从口语、小说、杂志、报纸、学术文章、电视电影字幕、博客及其他网页等八类文体中获取的2500万词。

第一节　东盟旅游宣传资料语料库的建设和应用

东盟旅游宣传资料语料库的建设遵循了以下步骤。

（1）语料采集阶段。尽可能地收集东盟各国在中国—东盟博览会期间发放的旅游宣传资料、活页以及东盟十国的政府和旅游相关部门的官方网站上的国家介绍和旅游资源推介。

（2）电子化阶段。该阶段特指对于收集到的纸质资料通过扫描、文字识别甚至人工输入等方式转换为电子文本。

（3）语料清洁。由于在网络上收集到的原始语料涉及不同的字体、字号甚至是不同的文本格式、编码方式等，将收集到的语料统一转换成txt文档，并利用“文本整理器”软件对文本中段落之间和段落前后多余的空格进行批量删除、标点符号全角到半角的批量转换等，以达到清洁文本的目的。

（4）人工检查。对于原文本中一些法语或其他非英语字母，需要人工替换为对应的英语字母。

经过以上几个步骤，建成了由东盟十个国家子库构成的“东盟旅游宣传资料语料库”（Corpus of ASEAN Tourism Information，CATI，以下简称“东盟总库”）。各子库文件大小和所包含单词量见表3-1。（为免赘述，下文提及东盟十国旅游宣传资料语料子库时将统一用国名代替，如“文莱旅游宣传资料语料子库”将简称为“文莱子库”。）

表3-1　东盟旅游宣传资料语料库构成

语料库	文件大小（字节）	单词数
文莱子库	315156	51393
越南子库	308726	51685
缅甸子库	326935	53912
老挝子库	396508	65104

续表

语料库	文件大小（字节）	单词数
新加坡子库	495875	81936
柬埔寨子库	503775	83545
泰国子库	571568	93276
马来西亚子库	582078	95659
印尼子库	656769	109418
菲律宾子库	2033764	329610
东盟总库	6360795	1044214

研究将围绕东盟总库在以下四个方面开展。

（1）东盟旅游宣传资料语料库的总体特征。运用语料库软件Wordsmith获得东盟总库的基本数据，包括形符数、类符数、类符/形符比、平均词长、平均句长、关键词表等信息。通过这些信息，可以大致了解东盟总库的总体特征。

（2）东盟总库的词汇特点。通过单词表，高频词表了解东盟总库在词汇使用上的特点或偏好，找出词汇的使用特点。

（3）关于东盟十国子库的具体分析。从各子库词汇、句法等角度对东盟十国的旅游宣传语料的语言特点进行具体的研究。

（4）东盟总库与广西旅游外宣语料库的比对。对于东盟旅游宣传资料的研究既是为了从旅游宣传的角度对东南亚英语变体进行进一步的解读，也是为了在了解对方的基础上更好的宣传自己。

因此，本研究同步建设了一个小型广西旅游外宣语料库，比对广西的对外旅游宣传与东盟旅游宣传在词汇、句法上的异同，以便为今后广西旅游更有针对性地对外宣传打下扎实基础。

第二节　东盟总库基本数据统计

东盟十国在英语的普及和使用上的发展并不平衡，这种不平衡也同样体现在英语旅游宣传资料的获取上。

在英语为官方语言的菲律宾、新加坡和旅游业发展历史悠久的旅游大国如泰国、马来西亚、印尼等国家，英文旅游信息网站建设较为完善，有比较详尽的英文旅游宣传和介绍，能收集到的语料相对较多；在英语非官方语言或通用语且旅游业起步较晚的国家，如老挝、缅甸、越南等国的旅游网站上，能获得的英语语料则相对少很多。

只有文莱的情况比较特殊，虽然英语在文莱属于通用语，其普及程度较高，但文莱的国土面积较小，只有5765平方公里，比中国的上海市还小，因此文莱的旅游景点相对有限，能收集到的相关英文旅游宣传资料也相对较少，是东盟十国中最少的（表3-2）。

表3-2　东盟旅游资料语料库基本数据统计

语料库	形符数	类符数	类符/形符比	标准化类符/形符比	平均词长	词长标准差
文莱子库	51393	7005	13.63%	46.67	4.96	2.57
越南子库	51685	7050	13.64%	47.39	4.75	2.55
缅甸子库	53912	7161	13.28%	46.29	4.84	2.52
老挝子库	65104	7263	11.16%	46.88	4.83	2.55
新加坡子库	81936	10787	13.17%	50.59	4.82	2.51
柬埔寨子库	83545	9501	11.37%	44.21	4.87	2.58
泰国子库	93276	8169	8.76%	42.83	4.96	2.64
马来西亚子库	95659	10215	10.68%	48.88	4.86	2.54
印尼子库	109418	11439	10.45%	46.91	4.84	2.50
菲律宾子库	329610	23100	7.01%	47.19	4.97	2.67
东盟总库	1015538	43714	4.30%	46.86	4.90	2.59

一、类符/形符比

类符/形符比（type-token ratio，TTR）是计算词汇密度通常采用的方法，通过这个方法可以了解语料库中词汇的使用是否丰富。形符（token）相当于文本中的单词，一个单词即为一个形符，而类符（type）则是不重复计算的形符数。在一个文本中，重复出现的形符只能记为一个类符。例如，在句子“The enemy of my enemy is my friend.”中，共有8个形符，6个类符（分别是the, enemy, of, my, is, friend）。

一般来说，类符/形符比基本与类符数成正比，而与形符数成反比：当类符数越小、形符数越大时，类符/形符比就越小，说明语料库中使用的词汇较为单一；反之，当类符数越大、形符数越小时，类符/形符比就越大，此时说明该语料库中的词汇使用较为丰富。

根据Wordsmith的统计（见表3-2），东盟总库的总形符数（tokens）为1015538总类符数（types）为43714。为了方便查看，表3-2中东盟十国子库数据按照形符数的总数由少到多排序。从表3-2中可以看到，东盟十国子库的大小差距甚大，文莱子库的语料最少，仅有51393词，而菲律宾子库的语料最多，有329610词，菲律宾子库的大小是文莱子库的6.41倍。因此，只是简单地从类符/形符比来看各子库的词汇丰富度显然有失公允，所以，本书采用了更科学的数据——标准化类符/形符比考察各子库词汇使用的丰富情况。

标准化类符/形符比是通过计算各子库文本里每千词的类符/形符比，然后将得到的若干个类符/形符比进行均值处理（假设一个文本为3千词，其中第一个一千词的类符/形符比为46，第二个一千词的类符/形符比为49，第三个一千词的类符/形符比为52，则这个文本的标准化类符/形符比就是49）。从表3-2可以看到，东盟总库这个总库的标准化类符/形符比为46.86，在东盟十国子库里标准化类符/形符比最高的前三个子库为新加坡子库50.59、马来西亚子库48.88和越南子库47.39，而标准化类符/形符比最低的两个子库为柬埔寨子库44.83和泰国子库42.21。说明新加坡子库、马来西亚子库和越南子库的词汇丰富程度要优于柬埔寨子库和泰国子库的词汇丰富程度。

二、平均词长

另一个考察语料库的词汇复杂程度的方法就是从词汇长度上来判断，一般来说，一个词语所包含的字母越多、词长越长，该词语相对而言越复杂、正式程度越高。表3-2列出了各子库的平均词长，东盟总库的平均词长为4.90个字母，词长标准差为2.59，说明东盟总库中的词语长度大多在2.31~7.41个字母。平均词长最大的是菲律宾子库4.97个字母，词长标准差为2.67，表示菲律宾子库的词语长度大多在2.3~7.64个字母，而排名最后也就是平均词长最小的为越南子库4.75个字母，词长标准差为2.55，表示越南子库的词语长度大多在2.2~7.3个字母，这说明各子库在词汇长度上的平均值差距并不算太大。

为了更好地了解东盟总库中的词汇使用情况，利用Wordsmith统计出子库中的不同词长的整体分布情况[①]（见表3-3）。

表3-3　各子库词长为1～15字母的数据统计

国家	文莱	越南	缅甸	老挝	新加坡	柬埔寨	泰国	马来西亚	印尼	菲律宾
1字母	1583	1266	1845	1748	2826	2509	2617	3416	2762	9519
2字母	7503	8495	8101	9814	11613	12600	13595	14236	16807	52114
3字母	9129	10708	9910	13769	15623	16167	18126	17104	20633	63242
4字母	7756	8522	8596	10177	14198	12968	15383	15038	17842	44906
5字母	6084	6194	6461	7332	9450	10469	10079	12303	13709	37560
6字母	5795	4150	5275	5865	8215	7734	7834	9280	10962	30804
7字母	4822	4258	5239	5536	7261	7092	8466	8794	9890	29624

① 词长为15字母以上的词汇量非常少，受篇幅限制，因此，本书只选取了词长为1～15个字母的词汇数量进行列举和比较。

续表

国家	文莱	越南	缅甸	老挝	新加坡	柬埔寨	泰国	马来西亚	印尼	菲律宾
8字母	3405	3198	3545	4268	4669	5645	6634	6215	6539	24330
9字母	2194	1940	2054	2927	3912	3576	4059	4023	4483	14757
10字母	1518	1400	1379	1804	1869	2317	2918	2568	2725	11311
11字母	871	830	925	1137	1374	1246	2238	1544	1762	6281
12字母	395	377	329	405	527	578	675	623	691	2763
13字母	253	206	185	216	305	424	483	385	423	1421
14字母	60	66	54	73	57	124	129	98	129	779
15字母	17	49	7	15	24	51	22	24	38	125

可以看出，由于收集语料不均衡，子库大小不一，因此各子库中不同词长词汇的数量差别很大。因此，对数据进行了技术处理，用不同数量字母词语在各子库中的比重来进行比较，将每个子库下面的词长为1～15字母的数值除以子库形符数，再乘以100，取其百分比，获得了词长为1～15字母在各子库中的比重，即：子库词长百分比=子库词长数量/子库形符数×100（表3-4）。

表3-4　各子库1～15字母词长比重

国家	文莱	越南	缅甸	老挝	新加坡	柬埔寨	泰国	马来西亚	印尼	菲律宾
1字母	3.08	2.45	3.42	2.68	3.45	3.00	2.81	3.57	2.52	2.89
2字母	14.60	16.44	15.03	15.07	14.17	15.08	14.58	14.88	15.36	15.81
3字母	17.76	20.72	18.38	21.15	19.07	19.35	19.43	17.88	18.86	19.19
4字母	15.09	16.49	15.94	15.63	17.33	15.52	16.49	15.72	16.31	13.62
5字母	11.84	11.98	11.98	11.26	11.53	12.53	10.81	12.86	12.53	11.40
6字母	11.28	8.03	9.78	9.01	10.03	9.26	8.40	9.70	10.02	9.35
7字母	9.38	8.24	9.72	8.50	8.86	8.49	9.08	9.19	9.04	8.99

续表

国家	文莱	越南	缅甸	老挝	新加坡	柬埔寨	泰国	马来西亚	印尼	菲律宾
8字母	6.63	6.19	6.58	6.56	5.70	6.76	7.11	6.50	5.98	7.38
9字母	4.27	3.75	3.81	4.50	4.77	4.28	4.35	4.21	4.10	4.48
10字母	2.95	2.71	2.56	2.77	2.28	2.77	3.13	2.68	2.49	3.43
11字母	1.69	1.61	1.72	1.75	1.68	1.49	2.40	1.61	1.61	1.91
12字母	0.77	0.73	0.61	0.62	0.64	0.69	0.72	0.65	0.63	0.84
13字母	0.49	0.40	0.34	0.33	0.37	0.51	0.52	0.40	0.39	0.43
14字母	0.12	0.13	0.10	0.11	0.07	0.15	0.14	0.10	0.12	0.24
15字母	0.03	0.09	0.01	0.02	0.03	0.06	0.02	0.03	0.03	0.04

为了更直观地了解各国子库在使用1～15字母词长词汇差别，将表3-4转换为柱形图，得到图3-1。

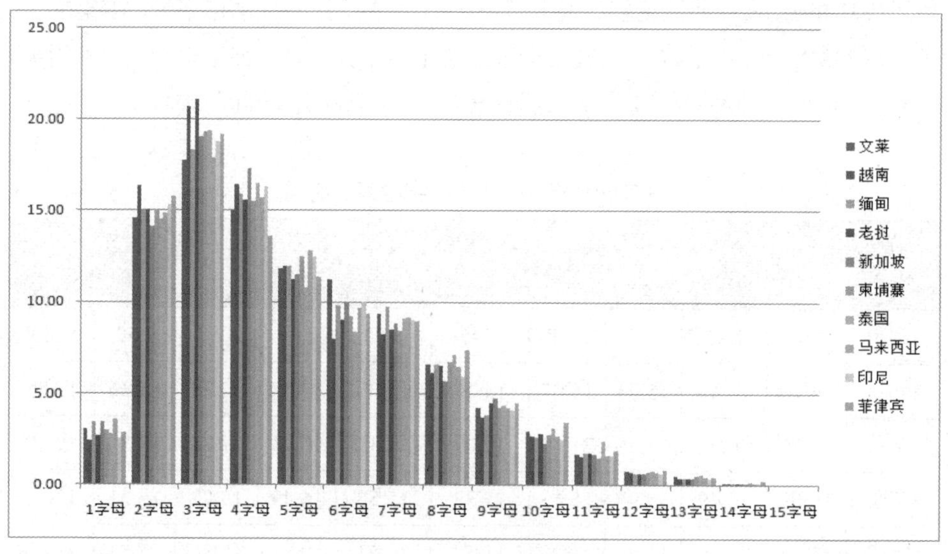

图3-1　各子库1～15字母词长比重

从该柱形图可以看到东盟十国子库在各字母词长分布的峰值在3字母词

汇，2字母词汇和4字母词汇比重相较3字母词汇略低，5 ~ 15字母词汇的比重基本呈现出递减趋势。其中，5字母词汇使用比重最高的是马来西亚子库，印尼子库和柬埔寨子库次之；文莱子库在6字母词汇上使用的百分比最高；缅甸子库在7字母词汇使用的百分比最高，文莱次之；菲律宾子库在8字母和10字母词汇的使用的百分比最高；新加坡子库在9字母词汇上使用的百分比最高；泰国子库在11字母使用上的百分比最高。除此之外，东盟十国子库在各个字母词汇的柱形图并无太大差异。无论是从平均词长还是从各字母词长数分布来看，东盟十国子库在旅游宣传上的词汇使用并无非常显著的差别。

三、平均句长

平均句长（mean sentence length）可以用来作为衡量语料库中句法的复杂性或成熟性的一个指标，句长标准差则是指句子长度在平均句长上下浮动的合理范围。以东盟总库为例，其平均句长为20.90，句长标准差为13.30，说明在该语料库中，大多数句子的长度在7.60 ~ 34.20词之间。表3-5列出了东盟总库和各子库的平均句长、句长标准差和句长范围，从该表中可以看出，东盟十国子库中，越南子库的平均句长最长，达到25.07词，其句长标准差最大，为17.24，说明越南子库中大多数句子长度范围在7.83 ~ 42.31词间；菲律宾子库的平均句长最短，只有19.02词，其句长标准差为12.98，说明菲律宾子库中大多数句子长度在6.04 ~ 32词。从这些数据可以看出，东盟各国子库在短句的句长上比较接近，但在长句上的句长差距则比较明显，平均句长差距可达10词；其中越南子库、老挝子库更偏好使用长句。

表3-5　平均句长

语料库	平均句长	句长标准差	句长范围
文莱子库	21.98	13.91	8.07 ~ 35.89
越南子库	25.07	17.24	7.83 ~ 42.31
缅甸子库	20.18	12.31	7.87 ~ 32.49

续表

语料库	平均句长	句长标准差	句长范围
老挝子库	23.38	14.68	8.7～38.06
新加坡子库	21.11	14.67	6.44～35.78
柬埔寨子库	20.43	13.08	7.35～33.51
泰国子库	24.44	12.46	11.98～36.90
马来西亚子库	21.35	12.55	8.8～33.90
印尼子库	21.29	10.88	10.41～32.17
菲律宾子库	19.02	12.98	6.04～32
东盟总库	20.90	13.30	7.60～34.2

四、词频

“在语料库语言学领域内，词表（wordlist）指的是词频表（frequency list），而不单是纯粹的单词列表。……虽说各种语料中抽取的词表的高频词大致相同，但某些词类在不同语体文本中频率上的差异可以作为我们判别不同文体的重要标志。”（梁茂成、李文中、许家金，2010）因此，词频可以看作语料库词汇研究的一个重要环节。这里，我们利用Wordsmith统计出东盟总库中使用频率最高的前50位的词汇，同时抽取了COCA[①]语料库词频最高的50个单词进行比较[②]。表3-6中灰色底纹的单词表示在两个词频表中位置相当或排位差距在10以内的单词，黑体词汇为在两个词频表中都有但排位差距超过10的单词。

① 数据来源：http://www.wordfrequency.info。

② 在笔者获取的COCA数据中，COCA的几个单词统计方式与Wordsmith的略有不同，特此说明：1. 将to的动词不定式的用法和介词的用法分开进行统计，分别在词频表里排第7位和第10位；2. that作为连词和指示代词分别排在第12位和第26位；3. as作为连词和介词分别排在第33和第48位；4. 系动词be的各种形式只按be统计。

表3-6　东盟总库与COCA语料库前50词频对比

东盟总库 词频				COCA 词频			
序号	单词	序号	单词	序号	单词	序号	单词
1	the	26	**can**	1	the	26	that
2	of	27	has	2	**be**	27	not
3	and	28	which	3	and	28	**from**
4	to	29	one	4	of	29	n't
5	a	30	there	5	a	30	**by**
6	in	31	also	6	in	31	she
7	is	32	province	7	to	32	**or**
8	for	33	most	8	**have**	33	**as**
9	**from**	34	island	9	I	34	what
10	are	35	their	10	it	35	go
11	**as**	36	area	11	to	36	their
12	with	37	**have**	12	that	37	**can**
13	on	38	park	13	for	38	who
14	**by**	39	**will**	14	you	39	get
15	it	40	all	15	he	40	her
16	at	41	other	16	with	41	if
17	that	42	located	17	do	42	would
18	you	43	town	18	on	43	my
19	city	44	about	19	say	44	know
20	was	45	some	20	this	45	all
21	this	46	river	21	they	46	about
22	**or**	47	more	22	we	47	make
23	its	48	many	23	his	48	**as**
24	an	49	world	24	but	49	**will**
25	**be**	50	where	25	**at**	50	up

将东盟总库和COCA两个语料库中排名前50的词频进行对比发现：

（1）两个语料库中排名前50的词语有近半数的重叠，这些重叠词汇以虚词为主，包括介词、冠词、连词等，其中，冠词的三种形式中的两种：定冠词the和不定冠词a都在这两个语料库的词频前50之内。这也进一步说明了虚词虽然无具体实义，但在英语中有连接或附着各类实词的语法意义，占英语语言的很大一部分。

（2）东盟总库中只有4个人称/物主代词，分别是：排名第15的人称代词it、排名第18的人称代词you 、排名第23位的物主代词its和排名第35位的物主代词their。然而，在COCA中排名前50的人称代词和物主代词共有10个，分别是：排名第9位的人称代词I、排名第10的人称代词it、排名第14位的人称代词you、排名第15位的人称代词he、排名第21位的人称代词they、排名第22位的人称代词we、排名第23位的物主代词his、排名第31位的人称代词she、排名第36位的第三人称复数物主代词their、排名第40位的物主代词her和排名第43位的物主代词my。这说明东盟总库更倾向于第二和第三人称，符合其旅游宣传的特点。

（3）在东盟总库中，代词指代事物的which和指代地点的where使用频率较高，而在COCA中，代词指代人who和指代事件what的使用频率较高。

（4）东盟总库中有7个名词上榜，排名最高的名词为city，排在第19位，随后是province，island，area，park，town和river，这些名词有表示旅游目的地的词汇province，city，town和area，也有旅游景点island，park和river。在COCA里排名前50的词汇里，一个名词都没有。

（5）在东盟总库排名前50的词汇里实义动词只有have，而且have的统计并没有区分实义动词和助动词的用法，其他都是系动词be的各种形式、助动词、情态动词等。在COCA里的实义动词有6个，分别是：排名第8位的have、排名第17位的do、排名第19位的say、排名第39位的get、排名第44位的make、排名第47位的know。

（6）在东盟总库排名前50里表示否定的not完全不见踪影，而COCA里不仅有not，还将not和其缩写n't分开统计，分别排在第27位和第29位。

（7）在东盟总库中，介词from，by和at的使用都比COCA更频繁。

（8）在东盟总库中，many，more和most也进入了排名前50，其中形容词/副词的最高级most排名第33位。

东盟总库是东盟旅游资料专题语料库，在东盟总库排名前50出现的8个名词与旅游目的地、旅游景点密切相关，不仅体现了东盟总库专题语料库的旅游宣传特色，也体现了东盟国家的主要景区特色。此外，东盟总库中出现最多的人称代词是表示第二人称的you，采用第二人称的叙述方式有其自身的优点：其一是使文字更直接、更亲切，让读者感受到仿佛是与作者面对面的交流，拉近了读者与文字的距离感；其二则是使用第二人称有呼告的效果，可以增强文字的感染力。从第二人称代词you的使用上来看，也契合东盟总库的旅游宣传目的。COCA是一个通用语料库，该库收录了不同语体、不同体裁的语料，因而，在排名前50出现的词汇里无论是人称代词、物主代词还是实义动词，都比东盟总库要丰富得多，体现了其"通用语料库"的本质。

五、主题词表

"在语料库分析中，在单篇或多篇文本中具有超高复现频率的词称作主题词。通过观察主题词，可以发现某一给定文类或主题文本的词语特征。……计算某一文本或某一类文本的词语分布，并与其他文本的词语分布进行对比，把文本中那些显著高频的词语析取出来生成一个词表。该词表可被看作主题词的基本词表。生成主题词表需要两个语料库：一个是用于观察和分析的语料库，称为'观察语料库'（observed corpus），另一个是用于对比的语料库，称为'参照语料库'（reference corpus）。"（梁茂成、李文中、许家金，2010：85-86）在语料库数据分析时，一般可以选择用卡方检验（chi-square）或对数似然比（log-likelihood ratio）两种方法，二者在算法上略有不同，两种检验方式得到的结果虽然有差别，但大体相同，二者的结果与数据类型和数据分布有很大关系，但是当词频小于5或者当语料库数据过大时，卡方检验结果可能不够稳定，因此，本研究只选择对数似然比的方式生成主题词表。

在软件AntConc的操作界面里，可以直接选择以卡方检验或对数似然比的方式生成主题词表。将东盟总库设为观察语料库，将COCA语料库的数据导入AntConc作为参照语料库，选择对数似然比的方法得到东盟总库的主题词表。表3-7列出了对数似然比检验结果的前50名（注：不区分大小写）。其中，“K值（主题性/Keyness）”代表某个主题词基于该话题在观察语料库和参照语料库对比中的主题显著性。

表3-7 以COCA词频为参照的东盟总库主题词表前50

排序	K值（主题性）	主题词	排序	K值（主题性）	主题词
1	176049.631	is	26	7767.236	philippines
2	82390.671	are	27	7465.821	myanmar
3	43380.595	was	28	7326.707	cambodia
4	39265.119	an	29	7164.406	de
5	34674.335	has	30	6584.762	beaches
6	19186.223	located	31	6579.108	beach
7	15492.801	province	32	6225.382	centre
8	15233.058	were	33	6225.382	thai
9	14549.077	visitors	34	6167.418	restaurants
10	13320.231	singapore	35	6156.721	park
11	11233.511	been	36	6097.860	features
12	10074.222	islands	37	6063.082	called
13	9863.526	island	38	6005.117	areas
14	9610.506	san	39	5993.000	festival
15	9436.613	km	40	5937.110	river
16	9401.834	manila	41	5935.560	laos
17	9343.870	brunei	42	5866.002	phnom
18	9297.498	years	43	5808.038	meters
19	8845.375	thailand	44	5804.908	known
20	8613.517	activities	45	5761.666	had
21	8462.810	built	46	5750.074	asia
22	8428.031	made	47	5657.330	largest
23	8254.138	kilometers	48	5564.587	diving
24	7813.608	attractions	49	5506.623	rm
25	7813.608	hours	50	5437.066	tourists

从主题词表里可以看到：

（1）由于COCA里对系动词的各种形式没有区分，统一计算为be，所以系动词的单复数、现在时、过去时、完成时态都在东盟总库主题词表里占据显要位置。

（2）排名靠前的主题词还有东盟国家特色词汇，如thai，rm（马来西亚货币单位林吉特Ringgit的简写）等。

（3）在主题词表里还可以发现东盟国家相关的地名，如singapore，manila，brunei，thailand，philippines，myanmar，cambodia，laos和asia，此外，还有本表没有收录的排名52位的indonesia、排名76位的malaysia充分体现了语料的来源地。

（4）除了在表3-6词频里比较显现的名词差异外，主题词表里还有一系列凸显的名词，如visitors，activities，attractions，ours，centre，restaurant，festival，diving和tourists等，这些词汇进一步体现了语料库旅游宣传的特色。

（5）东盟总库的主题词表里有两个动词的过去分词形式，分别是built和known，其中，built常见的用法为be built，built + 介词（in/on/by等），而known 常见的用法为be known，known for和known as等，大多为对建筑、景点的介绍。

（6）东盟总库的主题词表里还有两个比较特别的存在：san和de，这两个词主要来自菲律宾子库，其使用在后续各国子库探讨中会进行较为深入的分析。

（7）东盟总库的主题词表里还有一个词features，但该词既有可能是名词复数也有可能是动词第三人称单数，其用法也会在后续各国子库探讨中进一步分析。

六、词簇

词簇，也称词块、词束、程式化序列、多词单位、复现词组等，指的是在语料文本中反复出现的两词或两词以上的结构。(梁茂成、李文中、许家金,2010:84)例如,在句子“This is such a great idea!”里的两词词簇有5个,分别是:this is, is such, such a, a great, great idea;三词词簇有4个,分别是:this is such, is such a, such a great, a great idea。

AntConc可以生成两种形式的词簇表:一种是词簇(Clusters),另一种是N元组功能(N-Grams)。Clusters能生成包含有中心词(或明确检索目标)的词簇表,而N-Grams则生成不包含任何中心词的词簇表。这个部分首先采用的是N元组功能,检索设置词簇长度为2~6词,最低频数50次,得到一个多词词表,即词簇表。然而需要注意的是,不是每个词簇都是一个完整的语法结构。由于不同长度词簇的复现频率不同,因此,按照两词和三词长度分别列出排名前25的完整语法结构。

表3-8是N元组生成的两词词簇表。在该表中,出现频率最高的两词词簇为“定冠词+名词”的结构如:the province, the world, the island, the country, the city, the philippines和the town等;动词短语有it is, there are, you can, is located以及动词不定式to be等。

表3-8 N元组生成的两词词簇表前25

排序	词簇	复现频数	排序	词簇	复现频数
1	it is	1847	11	the country	751
2	there are	1233	12	as well	675
3	the province	1177	13	the first	637
4	the city	1170	14	part of	611
5	the most	910	15	the town	592
6	you can	907	16	some of	591
7	such as	874	17	is located	575
8	to be	839	18	the philippines	573
9	the world	804	19	which is	543
10	the island	777	20	known as	524

续表

排序	词簇	复现频数	排序	词簇	复现频数
21	the area	517	24	this is	493
22	it was	516	25	there is	478
23	the century	502			

表3-9中列出了词簇表中语法和语义上结构完整的前25个三词词簇，仔细观察不难发现该词簇表中以名词为核心的of短语居多，如of the province，of the city，of the province等，伴随有一些英语的固定搭配，如as well as，a variety of和a number of等。

表3-9　N元组生成的三词词簇表前25

排序	词簇	复现频数	排序	词簇	复现频数
1	one of the	1116	14	of the philippines	212
2	as well as	558	15	in the philippines	209
3	some of the	465	16	is located in	196
4	of the most	398	17	the town of	189
5	part of the	336	18	the island of	185
6	of the province	318	19	of the country	182
7	of the city	305	20	the heart of	180
8	a variety of	288	21	the city of	179
9	a number of	278	22	of the island	178
10	in the world	275	23	of the world	176
11	the province of	271	24	in the area	169
12	in the province	240	25	the most popular	169
13	in the country	217			

同时，在进行多词词簇查找时发现排名前25位的词簇中大多是三词词簇，鲜有四词、五词词簇的身影。于是通过再次调整参数，只看词簇长度定为4～6词、最低复现频数为50次，覆盖至少2个子库的词簇，所得见表3-10。

表3-10　N元组生成的4~6词词簇表

排序	词簇	复现频数	排序	词簇	复现频数
1	one of the most	234	12	how to get there	60
2	some of the most	147	13	of the most popular attractions	57
3	of the most popular	119	14	from a.m. to p.m.	56
4	in the heart of	100	15	a wide range of	54
5	some of the most popular	93	16	some of the restaurants	54
6	the south china sea	77	17	bounded on the north	53
7	a variety of cuisines	75	18	some of the best	53
8	in the province of	70	19	one of the best	52
9	a total land area	61	20	ho chi minh city	51
10	available at central markets	67	21	on the island of	51
11	can be reached by	60	22	a wide variety of	50

研究发现，当词簇越长时，其复现的频率就越少；当词簇越长时，其意义表述就越具体、丰富。从这些词簇可以得知作为旅游宣传资料，东盟各国都比较注重运用一些抽象、模糊的表述，如one of the most，some of the best，a wide variety of和a wide range of。这类模糊语的使用既宣传了自身的优势，又不会显得过于绝对，留有一定的余地。

第三节　词汇特点

东盟总库里除了常用词汇，还有一些特别词汇，这些特别词汇中有些是带着浓郁本地特色的词汇，有些则是属于东南亚国家独有动植物、物品的词汇。下文将根据这些特别词汇的分类进行逐项说明。

一、东盟国家的服饰词汇

（1）Sarong（纱笼）。有时也写作sarung，马来半岛、印度和太平洋岛屿上常见的一种服饰，通常指用一块长方形的布围在腰间而成的筒裙。

例3-1：Diginitaries wear their traditional Malay costumes complete with kain samping, a type of sarong, and arat, or belt made of woven cloth.（文莱子库）

例3-2：A little further to the north is Polewali, famous for its silk sarong, the sarung mandar.（印尼子库）

例3-3：As foreign trade flourished, costumes and textiles such as Chinese silk, the Indian pulicat or plaid sarong and the Arabian jubbah a robe with wide sleeves were introduced to the country.（马来西亚子库）

例3-4：For textile collectors, the luntaya acheik, a type of longyi (sarong skirt) worn by women of the majority Myanmar people, is one of the finest and most complex examples of Southeast Asian weaving that is still made today.（缅甸子库）

例3-5：Here, and at established boutiques such as Rumah Bebe, you can find the traditional Peranakan costume, the gorgeous nonya sarong kebaya.（新加坡子库）

例3-6：Admission fee: 150 baht (proper attire is essential, Shorts and Sleeveless are not allowed, women please wear skirts or Thai Sarong).（泰国

子库）

例3-7：The typical sampot, known also as the sarong is typically worn by men and women of lower class.（柬埔寨子库）

（2）Batik（蜡染）。蜡染是在中国西南部和一些东南亚国家流传已久的一种工艺，但印尼的蜡染尤为出名，用蜡染布制作的“巴迪克长袖衬衫”被看作印尼的“国服”。

例3-8：Brunei now surprises batik enthusiasts with its small but rapidly growing batik scene.（文莱子库）

例3-9：The oldest “kampung batik”, or batik-making village, in Indonesia, the Surakarta village of Laweyan is slowly reviving its native art: the houses clustered around Laweyan’s narrow alleys mostly shelter batik shops now, with both hand-painted and stamped batik produced at a frenetic pace in their back rooms.（印尼子库）

例3-10：There are also interesting handicraft centres and souvenir shops located around the island offering items such as batik outfits and silverware.（马来西亚子库）

例3-11：This textile is a multicultural hybrid, combining a traditional Malay form of dress with Chinese and Indian elements including lace and batik.（新加坡子库）

例3-12：On sale are textiles, houseware, blankets, batik cloth, umbrellas, toys, canned goods, toiletries, and electronic items.（菲律宾子库）

二、东盟国家的交通词汇

（1）Tuk-tuk（突突车）。突突车是一种非封闭式的三轮车，是许多东盟国家的市内交通工具，因其价格低廉而深受游客喜爱。

例3-13：From town to the Angkor Wat Temple (Start Line) takes 25 minutes by Tuk-tuk or 20 minutes by taxi or bus.（柬埔寨子库）

例3-14：Vat Xieng Khuan, better known as the Buddha Park should not be missed: take a tuk-tuk to this unique park that includes Buddhist and Hindu influence sculptures.（老挝子库）

例3-15：Negotiate all taxi and tuk-tuk fares prior to departing for your destination.（泰国子库）

（2）Water taxi（水上出租车）。一种水上交通工具，乘坐可以游览、观赏风景。

例3-16：This was a favourite trip of ours and over our 3 years in Brunei, we must have caught a water taxi down the river a dozen times.（文莱子库）

例3-17：This island is only about a forty five minute water taxi ride from shore.（柬埔寨子库）

例3-18：Visitors can make a grand entrance to this shopping mall by sailing down a canal on a water taxi.（马来西亚子库）

三、东盟国家的美食词汇

（1）Satay（沙爹）。沙爹是一种炭烤肉串，将牛肉、鸡肉、羊肉、鱼肉等肉类切成块状腌制，炭火烤熟。

例3-19：Of course you can try traditional dishes like satay, Hati Buya (stir fried sliced beef lung) or Pulut Panggang (grilled banana leaves filled with sticky rice, prawns or beef).（文莱子库）

例3-20：The other popular delicacy often sold by street vendors is satay.（印尼子库）

例3-21：It's a great way to learn about Malaysia's cuisine heritage and savour some traditional favourites such as nasi lemak, rendang, satay or whatever you have chosen to cook during the class.（马来西亚子库）

例3-22：On the menu of Good Old Days are the iconic dishes of the island, such as Singapore Chicken Rice, Lakas, Satay and more.（新加坡子库）

（2）Rendang（仁当椰浆干烧肉）。仁当椰浆干烧肉最早起源于印尼的西苏门答腊地区，随后在马来西亚、新加坡等东盟国家流传开来。其做法是牛肉或羊肉加椰奶、香料等慢火炖制而成。

例3-23：You can find the famous rendang at Pasar Atas in Padang City, the place with the most mouth watering Padang food.（印尼子库）

例3-24：It's a great way to learn about Malaysia's cuisine heritage and savour some traditional favourites such as nasi lemak, rendang, satay or whatever you have chosen to cook during the class.（马来西亚子库）

（3）Nasi（米饭）。Nasi在马来语、印尼语中表示"米饭"。马来语不仅是马来西亚的官方语言，也是文莱和新加坡的官方语言；同时，印尼语是以廖内方言为基础的一种马来语，与马来语只在口音和一些特定词汇上有所区别。Nasi lemak（椰浆饭），nasi goreng（炒饭）等，常见于以马来语为官方语言或通用语言的马来西亚、新加坡、印尼和文莱等国的美食介绍中。

例3-25：During the two-and-a-half-hour guided walk, tourists will also have the opportunity to try out popular street-food such as bubor lambok (spiced rice porridge), kuih-muih (traditional cakes and sweets) and the famous Nasi Lemak Antarabangsa at the Malay Food Street.（马来西亚子库）

例3-26：Hainanese chicken rice, laksa and nasi lemak, being the favourite dishes amongst the locals, are among top picks of the lot.（新加坡子库）

例3-27：Gonna enjoy my Soto and Nasi Katok!（文莱子库）

例3-28：Nasi goreng (steamed rice stir-fried with eggs, meatballs, chicken/beef/shrimp, assorted vegetables and often with sweet soy sauce seasoning) is also very popular along with nasi rawon (rice served with dark beef soup) originally from East Java.（印尼子库）

四、东盟国家的建筑词汇

（1）Mosque（清真寺）。在东盟国家中有不少人信奉伊斯兰教，清真寺

（mosque）是伊斯兰教信徒的宗教活动中心，兴建清真寺被看作穆斯林的宗教义务，因此，有穆斯林的地方就有清真寺。穆斯林独特的建筑艺术使得清真寺成为不少东盟国家吸引游客目光的一道风景。

例3-29：Sultan Omar Ali Saifuddien Mosque is a royal Islamic mosque located in Bandar Seri Begawan, the capital of the Sultanate of Brunei.（文莱子库）

例3-30：Across on the smaller ridge, Ta Sann Mosque is a testament to King Ang Duong's broadminded intellectualism.（柬埔寨子库）

例3-31：Central Jakarta itself is home to several key stops, including Monas (National Monument), a gold-topped spire erected by former president Sukarno to commemorate the country's independence; Masjid Istiqlal, Southeast Asia's largest mosque; and Plaza Indonesia, a major shopping mall on the edge of Bundaran HI.（印尼子库）

例3-32：Built in 1909, Jamek Mosque—better known as Masjid Jamek among the locals—is the oldest mosque in the city.（马来西亚子库）

例3-33：With its massive golden dome and huge prayer hall, the Sultan Mosque is one of Singapore's most imposing religious buildings, and the focal point...（新加坡子库）

例3-34：The old town stretches along the Sarawak River, roughly from the Tua Pek Kong temple to the old Mosque.（泰国子库）

例3-35：Kaumpurnah Mosque: An old and imposing mosque, the sight of which greets visitors aboard ferries as they sail the channel into Isabela.（菲律宾子库）

（2）Jalan（街道）。Jalan在马来语中表示"街道"。因此，在以马来语为官方语言或通用语言的马来西亚、新加坡、印尼和文莱等四个国家的子库里都可以找到Jalan的表述。

例3-36：The Royal Regalia Building—Located at Jalan Sultan, this museum is devoted to the sultan Hassanal Bolkiah.（文莱子库）

例3-37：A good starting point for any shopper would be the legion of small boutiques and designer stores on Jalan Laksmana.（印尼子库）

例3-38：If you have only a few hours to spare in Kuala Lumpur, one great way to spend it is to drop into one of the best kept secrets in Kuala Lumpur: the Bank Negara Malaysia Museum and Art Gallery located at Jalan Dato' Onn.（马来西亚子库）

例3-39：Follow the path and take the first left onto Jalan Jelutong.（新加坡子库）

五、东盟国家的动植物词汇

（1）Mangrove（红树林）。红树林是生在热带、亚热带陆地与海洋交界的滩涂浅滩上特有的灌木和小乔木群落，其根系发达，能在海水中生长，对盐土的适应能力比任何陆生植物都要强。红树林内部形成了一个丰富的生态环境，鸟类、鱼、蟹等都有其栖息之地。因此，红树林也是不少东盟国家的主要旅游景点之一。

例3-40：Another must-visit trekking site takes you across the sea to the Selirong Forest Recreation Park, a mangrove covered island in Brunei Bay inhabited by proboscis monkeys and migratory birds.（文莱子库）

例3-41：This beach has white sands, big rocks, and mangrove forests in its surrounding areas.（印尼子库）

例3-42：All the trails have a great variety of vegetation, from mighty 80-metre dipterocarps to dense mangrove forest. Carnivorous pitcher plants are found on the Lintang trail.（马来西亚子库）

例3-43：Experience the rich ecosystems of Chek Jawa along the 1.1 km boardwalk that runs along the coast and mangrove area and get a glimpse of the rich...（新加坡子库）

例3-44：While perhaps not as beautiful as the beach at Hua Hin, Pranburi features a peaceful environment and is located near Sam Roi Yod National Park and Pranburi Forest Park, which features a spectacular mangrove forest where a river flows into the sea.（泰国子库）

例3-45：At least 21 out of 47 true mangrove species known to grow naturally in the Philippines are found in Panadtaran.（菲律宾子库）

（2）Proboscis monkey（长鼻猴）。长鼻猴是东南亚婆罗洲（即马来西亚的沙巴和砂拉越、印尼的加里曼丹和文莱）的特有动物，它们的鼻子大得出奇，其中雄性猴子随着年龄的增长鼻子越来越大，最后形成像茄子一样的红色大鼻子，而雌性的鼻子却比较正常。

例3-46：Proboscis monkeys often emerge to feed in early mornings and immediately before sunset — you'll find them congregating in family packs, only very rarely alone.（文莱子库）

例3-47：Since 1990, the Proboscis Monkey has been "appointed" as the mascot of South Kalimantan Province.（印尼子库）

例3-48：Weston offers a wide array of wildlife such as proboscis monkey, silvered langur, birds, snakes and many more.（马来西亚子库）

（3）Langur（叶猴）。叶猴是南亚、东南亚特有的一种灵长类动物，也见于中国西南一带。它们尾巴很长，以树叶为主食，出没于热带或亚热带的树林里。

例3-49：Beside this Proboscis monkey also can be found there is the Langur, the Silver Leaf Monkey and Long Tail Macaque.（文莱子库，银叶猴）

例3-50：It is thought that the Asiatic black bear, banteng, clouded leopard, Douc langur, elephant, gibbon, guar, Siamese crocodile and tiger inhabit this area.（老挝子库，白臀叶猴）

例3-51：Maludam National Park also has the only viable population of the Red Banded Langur (Presbytis chrysomelas cruciger) remaining in the world today.（马来西亚子库，印尼叶猴）

例3-52：Besides, there are 140 animal species, 356 bird species, 97 reptile species, 47 amphibian species, 162 fish species, 369 insect species, many of which are listed in Red Book of Viet Nam and IUCN such as Sao la, Mang lon, Mang Truong Son, Ha Tinh langur... Phong Nha—Ke Bang is considered a huge biological museum in Viet Nam.（越南子库，黑叶猴）

第四节 小 结

英语在东盟十国的发展并不平衡，因此能获取的英语旅游宣传语料也有比较大的差距。在现有语料的基础上，通过本章节的初步分析可以发现：

（1）东盟旅游宣传资料语料库是一个专题语料库，与当代美国英语语料库这个通用语料库相比，其词汇使用确实凸显了“旅游宣传”这个专题的特色。例如，使用第二人称和第三人称较多；which和where的使用频率远远高于who和what的使用频率；与旅游景点相关的几个名词也跻身词频表前50。

（2）东盟十国子库在旅游宣传语料中词汇使用的丰富程度和难度相当，并没有十分显著的差异。

（3）东盟十国子库在使用句子长度上则存在较大差距，越南子库偏好用长句而菲律宾子库则更多用较简短的句子。

（4）东盟旅游宣传资料语料库中比较倾向于使用如：one of the most，some of the best等一些抽象、模糊的表达来宣传自身的旅游优势，显得语气不会过于绝对，留有一定的余地。

（5）在东盟旅游宣传资料语料库里还可以发现不少东南亚特色词汇，这些词汇囊括日常用语（如货币单位）、服饰、饮食、建筑、交通工具、动植物等方面，它们构成了东盟国家英语变体中独有的词汇特点，彰显着东盟国家的特色。

第四章　外圈国家英语变体

在第二章关于英语变体的划分中曾经提到，本书对东盟十个国家的英语变体划分是根据Kachru的模型同时参考了Kirkpatrick的观点后进行的。菲律宾、马来西亚、文莱和新加坡这四个国家都有被内圈英语国家殖民的历史，从殖民地时期英语就一直作为一种主要语言使用，因此，这四个国家在本书中被归入外圈国家。

第一节　菲律宾

菲律宾的全称是菲律宾共和国，位于西太平洋，又称“千岛之国”，是东南亚的一个多民族、多语言、多文化的群岛国家。菲律宾共有7600多个岛屿，总面积近30万平方公里，其中吕宋岛、棉兰老岛、维萨亚斯岛等11个主要岛屿共占全国总面积的96%。作为群岛国家，菲律宾拥有绵长海岸线，共约18533公里长，旅游优势突出。

在公元14世纪以前，菲律宾群岛上大多是零散的沿海定居点，尚未形成国家。1390年，来自苏门答腊岛的米南加保人在现在菲律宾南部的苏禄群岛及周边建立了第一个国家——苏禄苏丹国。1450年，阿拉伯人在菲律宾南部建立了伊斯兰政权。1521年，麦哲伦率领的西班牙探险队首次环球航海时抵达菲律宾群岛，1543年，西班牙探险家路易·洛佩斯·维拉罗伯斯（Ruy Lopez de Villalobos）将群岛命名为菲律宾群岛，以纪念西班牙的菲利普二世。从1565年开始，西班牙人占领菲律宾的宿务，开启了西班牙在菲律宾长达300多年的殖民历史。1896年，菲律宾革命爆发，1898年6月，菲律宾宣告独立，成立菲律宾共和国；与此同时，美西战争于1898年开始，后西班牙战败，签署“巴黎和约”，美国接收菲律宾，改由美国统治。1935年3月，建立菲律宾自治邦。1942年，日本军队先后攻下马尼拉、巴丹半岛、棉兰老岛、北吕宋山区和班乃岛，逐步占领菲律宾全境。1943年10月，日本占领军扶植劳威尔（Jose P. Laurel）成立了一个傀儡政权，史称菲律宾第二共和国（1943—1945），正式名称为菲律宾共和国。第二次世界大战结束后，菲律宾再次沦为美国殖民地。1946年7月4日，美国同意菲律宾独立。至此，菲律宾获得完全独立，独立后的菲律宾由自由党和国民党轮流执政。

菲律宾有1亿人口，有80多个民族和180多种语言/方言。主要人口是马来族，包括他加禄人、伊洛戈人、邦班牙人、维萨亚人和比科尔人等，少数民族及外来后裔有华人、阿拉伯人、印度人、西班牙人和美国人，还有为数不多的原住民。

在西班牙殖民时期，西班牙语虽然是菲律宾的官方语言，但当时西班牙语的使用仅限于除西班牙人外的少数菲律宾权贵，因此西班牙语并未在菲律宾普及。1898年美西战争之后，美国赢得了菲律宾的控制权，美国通过传教、兴办教育等形式使美国英语在菲律宾强势普及开来。1937 年，在菲律宾自治3年之后，他加禄语（Tagalog）经由总统行政令定为菲律宾的国语。菲律宾虽然从自治后多次进行语言政策的调整，但英语一直是菲律宾的语言必修课，也是中小学部分科目的教学媒介语。1973年，宪法正式将菲律宾语（原Tagalog，1987年更名为Filipino）和英语一同定为官方语言。因此，英语在菲律宾经过文化融合衍生出一种带有菲律宾特色的英语变体——菲律宾英语，在语音、词汇和句法等层面均出现新特点。

在搜索资料时也发现，由于菲律宾旅游优势突出，在旅游宣传上不遗余力，开拓了面向不同地区游客的多个宣传网站和多种渠道，包括菲律宾旅游局中国官方网站、菲律宾国家旅游局的官方微博、菲律宾国家旅游局的官方微信、菲律宾旅游局北京办公室、菲律宾旅游局上海办事处、菲律宾观光部中国台湾分处、菲律宾旅游局澳大利亚和新西兰官方网站、菲律宾旅游局英国官方网站等。从菲律宾旅游局官方网站、菲律宾驻华使馆官方网站和菲律宾旅游局驻北美办事处的官方网站等获取菲律宾英文旅游宣传语料共358346词，建成菲律宾旅游宣传资料子库（Corpus of the Phillipines Tourism Information，CPTI），该子库在东盟十国子库中规模最大。

一、菲律宾子库基本情况

为了更好地了解菲律宾子库的情况，表4-1是菲律宾子库与东盟总库的基本数据比较。

表4-1　菲律宾子库与东盟总库基本数据比较

语料库	形符数	类符数	类符/形符比	标准化类符/形符比	平均词长	词长标准差	平均句长	句长标准差
菲律宾子库	358346	23562	6.58%	47.04	4.96	2.64	14.63	11.46
东盟总库	1015538	43714	4.30%	46.86	4.90	2.59	20.90	13.30

从表4-1中可以看出：（1）菲律宾子库的类符/形符比要比东盟总库的类符/形符比高出2.4个百分比，即使转换为标准化类符/形符比时，菲律宾子库还是比东盟总库高；另外，菲律宾子库的平均词长也比东盟总库的多0.06，这说明菲律宾旅游宣传资料在使用词汇的丰富程度和难度上要略高于东盟总库；（2）菲律宾子库的平均句长要比东盟总库低得多，说明在菲律宾子库中多使用短句。

（一）词长分布

图4-1是菲律宾子库与东盟总库的词长为1～15字母的词语在各自语料库中的比重分布统计。

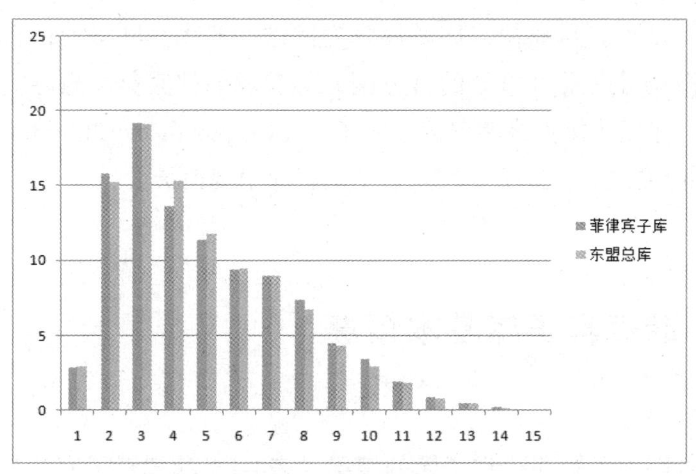

图4-1　菲律宾子库与东盟总库词长分布

从图4-1中可以发现，菲律宾子库在1字母、3字母、6～7字母和13字母词长词汇使用上基本与东盟总库一致，而东盟总库在4字母和5字母词长词汇使用上则高于菲律宾子库，在其他字母词长比例上，菲律宾子库都要高于东盟总库，这说明菲律宾旅游资料中的多字母词长词汇特别是8字母以上词汇的使用方面要多于东盟旅游宣传资料语料库，进一步说明菲律宾子库在使用词汇的难度上略胜于东盟总库。

（二）词频比较

用AntConc统计出菲律宾子库中使用频率最高的前50位的词与东盟总库中词频最高的50个单词进行比较（见表4-2）。表中灰色部分词汇为两个语料库都有且排名差距小于等于10的词汇，加粗词汇为两个语料库都有但排名差距大于10的词汇，其他则为各语料库特有词汇。

表4-2　菲律宾子库与东盟总库语料库前50词频对比

菲律宾子库词频				东盟总库词频			
序号	单词	序号	单词	序号	单词	序号	单词
1	the	26	this	1	the	26	**can**
2	of	27	one	2	of	27	has
3	and	28	area	3	and	28	which
4	in	29	manila	4	to	29	one
5	a	30	were	5	a	30	**there**
6	to	31	san	6	in	31	also
7	is	32	**or**	7	is	32	**province**
8	by	33	be	8	for	33	most
9	from	34	also	9	from	34	island
10	city	35	their	10	are	35	their
11	as	36	town	11	as	36	area
12	for	37	philippines	12	with	37	have
13	with	38	beach	13	on	38	park
14	was	39	other	14	by	39	will
15	it	40	de	15	it	40	all
16	on	41	spanish	16	at	41	other
17	are	42	during	17	that	42	located
18	its	43	no	18	you	43	town
19	at	44	located	19	city	44	about
20	that	45	land	20	was	45	some
21	**province**	46	first	21	this	46	river
22	has	47	**there**	22	or	47	more
23	an	48	where	23	its	48	many
24	which	49	festival	24	an	49	world
25	island	50	**can**	25	be	50	where

将菲律宾子库和东盟总库两个语料库中排名前50的词频进行对比发现：

（1）两个语料库中排名前50的词语有78%的重叠，这些重叠词汇多为虚词（介词、冠词、连词等），但是也有系动词“be”的几种形式和少数名词重叠，如city，province，area，town等。

（2）两个语料库中排名前50的词语都包含了3个人称/物主代词，都是it，its和their。在东盟总库排名靠前的第二人称you在菲律宾子库里却没有进入前50，菲律宾子库前50里也没有第一人称，这在一定程度上说明菲律宾子库里许多内容都是以第三人称视角进行表述的。

（3）菲律宾子库前50里还有4个名词上榜，分别是manila，philippines，land和festival，这几个词将菲律宾子库与东盟总库相比较的主题凸现；除了manila作为菲律宾的首都和philippines作为国家名外，land和festival的用法将在下面词汇特点中进一步分析。

（4）系动词be的过去式were进入了菲律宾子库词频的前50，而东盟总库的前50里则没有，该词用法也将在下文里进一步分析。

（5）菲律宾子库前50里还有两个较为特殊的词汇：san和de，这两个词皆为西班牙语词汇，体现了西班牙在菲律宾殖民统治时期留下的烙印。

（三）主题词表

将东盟总库作为参照语料库，将菲律宾子库设为观察语料库，通过软件AntConc以对数似然比的方式生成主题词表，表4-3列出了对数似然比检验结果的前20名。

表4-3　以东盟总库词频为参照的菲律宾子库主题词表前20

排序	K值（主题性）	主题词	排序	K值（主题性）	主题词
1	574.713	city	5	378.635	the
2	497.089	manila	6	375.381	of
3	455.240	was	7	369.386	philippines
4	405.949	san	8	322.159	spanish

续表

排序	K值（主题性）	主题词	排序	K值（主题性）	主题词
9	291.123	de	15	167.013	falls
10	268.183	philippine	16	164.262	rizal
11	215.105	barangay	17	163.074	cagayan
12	210.596	church	18	162.078	municipality
13	198.344	cebu	19	155.882	filipino
14	176.793	were	20	151.971	subic

表4-3体现出了菲律宾子库的鲜明特点：相对于东盟总库，菲律宾子库的主题词前20大多为具有丰富地方特点的名词。

（1）菲律宾子库中manila（马尼拉），philippines（菲律宾），philippine（菲律宾的），arangay（描笼涯①），cebu（宿务），rizal（黎刹），cagayan（卡加延），subic（苏比克）等地名的主题性最为显著。

（2）从主题词表里还可以发现教堂（church），岩石洞穴（cave，stone）等，这些词体现了菲律宾的旅游特色。

（3）排名靠前的主题词还有西班牙特色词汇，如在spanish，san，de等，可以看到西班牙在菲律宾殖民后留下的痕迹。

（四）词簇

为了更好地了解菲律宾子库中词簇的情况，将词簇长度定为2～6词，最低频数50次，得到一个最短为2～6词的词簇表。表4-4列出了N元组生成的2～3词词簇表完整语法结构的前25，出现频率最高的两词词簇有主系表结构it is，“定冠词+名词”的结构如：the province，the city，the philippines，the island和the town等。在表4-4中，语法和语义上结构完整的三词词簇只有4

① Barangay，通常译为“描垄涯”，是菲律宾最小的行政区划。

个，其中有2个都是介宾结构。

表4-4 N元组生成的2～3词词簇表前25

排序	词簇	复现频数	排序	词簇	复现频数
1	it is	849	14	land area	249
2	the province	829	15	the area	235
3	the city	682	16	the philippine	227
4	the philippines	604	17	the province of	227
5	the island	435	18	of the philippines	223
6	the town	364	19	in the philippines	222
7	the first	361	20	there are	221
8	one of the	353	21	which is	218
9	the country	332	22	the north	213
10	to be	310	23	known as	207
11	part of	283	24	the world	192
12	the spanish	277	25	the municipality	184
13	it has	257	25	the spaniards	184

（五）实词使用情况

将经过词性标注的菲律宾子库用AntConc的Concordance功能，统计了其中形容词、副词、实义动词使用情况排名前10位的词汇。

表4-5　主要词性词频排名前10

形容词	副词	实义动词			
		原形	现在时	第三人称	过去时
类符(2653) 形符(26160)	类符(656) 形符(8666)	类符(904) 形符(3612)	类符(421) 形符(1453)	类符(485) 形符(2573)	类符(816) 形符(3917)
other (578) spanish (454) first (405) local (345) major (285) many (253) total (246) natural (240) old (238) white (219)	also (690) as (316) about (314) not (305) only (264) now (263) then (227) well (198) still (167) away (159)	take (138) see (76) go (71) make (64) get (58) visit (55) enjoy (54) do (52) find (41) bring (37)	include (96) abound (49) make (48) take (33) provide (31) speak (31) offer (28) do (23) go (23) ply (22)	offers (90) features (84) means (82) lies (76) provides (64) serves (59) includes (52) stands (49) falls (47) houses (47)	became (11) came (136) took (81) called (79) started (74) made (73) found (63) did (54) used (50) established/ began (47)

二、菲律宾子库词汇特点

菲律宾英语同样也带着它的文化烙印。菲律宾曾经被西班牙殖民统治300多年，此外，菲律宾英语也深受菲律宾语的影响，因此，在菲律宾英语里面夹杂着许多西班牙语和菲律宾的特色词汇。

（一）形容词

（1）natural。与许多其他东盟子库一样，菲律宾子库在旅游宣传时自然风景占据了一个重要位置，因此在菲律宾子库里可以找到如natural and historical attractions，natural attractions，natural beauty，natural park，natural resources和natural wonders等搭配。

例4-1-1：And yet, within minutes from its cosmopolitan quarters, you are immediately transported to resort settings and natural wonders.

例4-1-2：Over the years Oriental Negros has contained its development in a setting of natural beauty that continues to draw visitors for its ecotourism delights.

（2）Old。形容词old在菲律宾子库也占有不小比重，如age-old，century/centuries-old，old church(es)，old settlement和old tradition等，强调的是“历史悠久”和“传统”等。

例4-1-3：The inner chamber of the cave contains the old traditional types of coffins from trunks of pine trees.

例4-1-4：The falls has 14 rapids and upon entering the gorge one can experience the natural forest setting with wild orchids, ferns, vines and age-old trees.

（3）white。形容词white在菲律宾子库中也排名靠前，其用法主要是white beach(es)，white sand，white coral和white sand beach等，因为菲律宾有许多美丽的白沙滩，是吸引旅游者的一个主要旅游资源，这一特点体现在形容词的使用上。

例4-1-5：Located on the southwestern part of Maricaban Island, Sepok Point has white sand and shores typical of a tropical cove, a good place for swimming and snorkeling.

例4-1-6：Northeast of this islet lies a kilometer's stretch of white coral beach almost similar to the one in Elephant Island.

（4）Spanish。由于300多年的西班牙殖民统治，菲律宾许多地方留下了西班牙的痕迹，因此，在旅游宣传中，Spanish是一个无法回避的词，如Spanish authority，Spanish colonial era和Spanish settlement等。

例4-1-7：This centuries-old Spanish vintage edifice used to be an educational institution.

例4-1-8：Makati has many Spanish-era churches, such as the Our Lady of Guadalupe Parish and the Nuestra Senora de Gracia (Our Lady of Grace) Parish in the old town.

（二）名词

在上文中的词频比较中提到过land和festival两个名词的使用特别多。

（1）land。land的使用在菲律宾子库中凸显大约是因为菲律宾岛屿众多，所以在旅游宣传中提到面积时喜欢用land area，同时在描述时则喜欢强调“陆路”。

例4-1-9：It has land access to the rest of Luzon through its neighbor on the north, Quezon Province.

例4-1-10：Camarines Norte is accessible via land and sea transport.

（2）festival。菲律宾节日众多，不同的民族、不同的省份、不同的宗教信仰都有自己的节日，一方面是菲律宾人喜欢庆祝各种活动，另一方面是这些节庆活动也是菲律宾旅游的一大特色。

例4-1-11：Each town has its own festival, featuring the towns' distinct qualities, some coincides with the town fiesta while others are held as a separate event.

例4-1-12：Dayaw Dalan Festival symbolizes the best of what the municipality of San Jacinto have as a town and as a people.

（三）动词

表4-6是菲律宾子库中实义动词与系动词使用频率的统计。

表4-6　菲律宾子库实义动词与系动词使用频率

实义动词		系动词	
时态	频率	时态	频率
原形	3612	be	712
现在时	1453	am/are	1841
第三人称单数	2573	is	4807
过去时	3917	was/were	3022
合计	11555	合计	10382

从表4-6可以发现，菲律宾子库的实义动词的使用虽高于系动词，但总体差距不大，仅是其1.11倍，而且相对于其他子类，菲律宾子库系动词过去式的使用频率较高。

从表4-5中发现菲律宾子库中abound、ply和house三个动词使用频率相较于其他子库要高，此外，在东盟总库中的主题词features在菲律宾子库中多为第三人称单数的用法：

（1）Abound。不及物动词，表示“富于、充满”之意。

例4-1-13：Enjoy another outdoor trip in the afternoon at the Dacuycuy Farms where imported ornamental plants and fruit trees abound and bring home aromatic and green dwarf Philippine coconut tree seedlings.

例4-1-14：Kaniyogan or coconut plantation abound in this town and has become an important means of sustenance for its people.

（2）Ply。不及物动词，表示“定期地来往”。

例4-1-15：Most major bus companies ply the Manila-Pangasinan route complemented by a host of local bus lines, which can be hired for private purposes and tours.

例4-1-16：Jeepneys ply Makati's inner roads, and connect the city to its surrounding towns and cities.

（3）House。及物动词，表示“提供住所、容纳”。House一般多用作名词，在菲律宾子库中其动词用法却比较突出。

例4-1-17：It houses the country’s oldest city, Cebu City, which also happens to be the first capital of the Philippines.

例4-1-18：It likewise houses the famous tree house built in 1960, the butterfly sanctuary and the aviary which showcases different bird species including the Philippine Monkey Eating Eagle.

（4）Features。及物动词，表示“以……为特色”或“由……组成”。features也可用作名词，在菲律宾子库中也有出现，但其动词用法比较突出，以凸显所描述的特色。

例4-1-19：The Malabsay Falls Ecology Park features swimming areas beneath the waterfalls, concrete winding stairs, foot bridges and pathways, cottages, and a plant nursery and camping ground.

例4-1-20：This place presently features noted paintings, museum relics, a courtyard, antique household items and furniture.

（四）西班牙语词汇

（1）San：San在西班牙语里是Santo的缩写，表示“神圣的”，在菲律宾许多地名都带有San。

例4-1-21：The organ is housed in the San Jose Church, and has a very unique sound that draws international organists here every year in the second week of February for an Organ Festival.

例4-1-22：The Center of Arts in San Antonio (CASA) in San Miguel, Zambales features violinist Alfonso “Coke” Bolipata and his Pundaquit talents.

（2）De：De在西班牙语里表示所属，相当于英语的of。

例4-1-23：The Museo De Catanduanes with its fine collection of artifacts is a must for the history buff.

例4-1-24：The Epifanio De los Santos Avenue (EDSA) pass along the southeast part of Makati and connects the city with Mandaluyong City and Pasay City.

（3）Casa：Casa在西班牙语里表示“房子”。

例4-1-25：THE OLD CITY HALL— also known as the old casa was the seat of Gingoog’s first government.

例4-1-26：Casa Segunda is declared by the National Historical Commission as a heritage house, for having harbored generations of artists, poets, and persons of learning and distinction.

（五）菲律宾特色词汇

（1）Barong Tagalog。巴隆衬衫，一种刺绣男士衬衫，被看作菲律宾的民族服装。

例4-1-27：The Barong Tagalog is the acceptable formal wear for men.

例4-1-28：Formal occasions require dinner jackets and ties (or the native "barong tagalog") for men and cocktail dresses or long gowns for women.

（2）jeepney。吉普尼，指二战后美军遗留下来的吉普车改装而成的公共交通工具，以其拥挤的座位和艳丽的装饰闻名。

例4-1-29：From Banaue, a jeepney ride will take the guest to Bontoc in about three hours.

例4-1-30：Jeepney and tricycle drivers wear uniforms and I.D.'s for identification and public utility jeepneys are color-coded.

（3）carabao。特指菲律宾的水牛，该词源于菲律宾语。

例4-1-31：The tamaraw bears a close to the Philippine water buffalo, commonly known as carabao.

例4-1-32：A race among carabaos each pulling a bamboo sled callled carroza, on a 40-meter course.

（4）barangay。描笼涯，来自菲律宾语，指最小的行政区划，可以是村落、地区或市内行政区。

例4-1-33：Mamala is a small barangay, which is located in the heart of Mt. Banahaw.

例4-1-34：Its area is 1083 hectares consisting of three barangays namely Balabag, Manok-manok and Yapak.

（六）新造词

（1）instagram-worthy。instagram是一款提供在线图片及视频分享的社交应用软件，这里指优美景色拍摄的照片值得上传与朋友分享。

例4-1-35：Bohol is one of the many gems in the Philippine archipelago, offering amazing, Instagram-worthy photographs of cute and cuddly bug-eyed tarsiers and the unrivalled view of the majestic world-famous Chocolate Hills.

例4-1-36：Interesting instagram-worthy spots can also be reached via mountain bikes or motorcycles, perfect for adventure junkies out there looking to experience the island on their own.

（2）graffiti-strewn/splashed。这两个合成词都是用来形容被喷得花花绿绿的吉普尼。

例4-1-37：To get around, the most iconic mode of public transportation are graffiti-strewn jeepneys, which have become a very symbol of Philippine culture and art.

例4-1-38：In the queen city of the South, the rulers of the road are pretty much graffiti-splashed jeepneys and meter taxis.

（3）foodgasm。这个新造词是food+orgasm构成，表示“由美食获得的极大满足”。

例4-1-39：Experience the ultimate foodgasm by giving the delectable local cuisines a try and we promise you'd revel for the spice only Bicolanos can provide.

（七）词汇灵活运用

在菲律宾子库的基本情况中已经提过，菲律宾旅游宣传资料在使用词汇的丰富程度和难度上要高于东盟总库，这主要是因为英语是菲律宾的官方语言，其使用者对英语语言的运用相当纯熟，这也体现在其旅游宣传资料的撰写中，同样结构、意义相近的句式使用了多个同义词或近义词，充分展示了词汇的丰富性。

例4-1-40：It is graciously endowed with natural and historical attractions.

例4-1-41：Known for its scenic beauty and archaic churches, Siquijor is also blessed with natural and historical attractions.

例4-1-42：The city is embraced by bodies of water which river and creek tributaries meet sea water.

三、菲律宾子库句法特点

（一）使用第三人称

从上文里的词频比较来看，相对于东盟总库来说，菲律宾子库有许多使用第三人称的句子，第三人称是从外部视角进行阐述，可以比较直接、客观地展现菲律宾的特色。

例4-1-43：MAGAT DAM TOURISM COMPLEX (MAGAT HYDRO ELECTRIC POWER PLANT) is Asia’s biggest dam project at the time of its construction.

例4-1-44：The early people of Bulacan, being descendants of a freedom-loving race, had also risen in revolt like their brothers in other parts of the country.

（二）使用祈使句

菲律宾子库中也应用了许多祈使句。在这类有宣传、呼告意义的文本里，祈使句的主要功能是提出建议、表示请求等。祈使句的使用，简单直接，有利于促进读者采取行动。

例4-1-45：Try bar hopping in the popular bars and clubs in Greenbelt area, Makati Business District and Bonifacio Global City.

例4-1-46：Just make sure you have pocket change.

（三）使用简单句

简单句一般简洁明了，没有复杂的句式结构，通俗易懂，读者可以迅速获得需要的信息。同时，简单句通常较简短，这也很好地解释了为什么菲律宾子库的平均句长只有14.63词。

例4-1-47：This rice terraces cluster and village represent the native Ifugao.

例4-1-48：Acacia Resort is built around a century-old Acacia Tree.

四、小结

作为英语外圈国家，英语在菲律宾的应用已经相当广泛。基于现有旅游宣传语料的菲律宾英语变体研究发现：

（1）菲律宾子库无论是在词汇丰富程度上还是在复杂词汇使用频率上都要略高于东盟总库，这说明菲律宾人对英语的使用更娴熟，相较于其他东盟国家，更接近英语为母语的内圈国家。

（2）菲律宾英语具有浓厚的菲律宾特色，这一特色在词汇上的一个具体体现就是菲律宾英语中使用了大量从西班牙语和菲律宾语的借词，这些借词是菲律宾英语有别于其他英语变体的一大特色。

（3）菲律宾旅游宣传资料紧扣其文本特点，多用第三人称、简单句、祈使句等句法以拉近文本与读者的关系，以达到最佳的宣传效果。

第二节　马来西亚

马来西亚的全称为马来西亚联邦，位于马来半岛南部，是东南亚的一个联邦国家，是唯一一个在亚洲大陆和马来群岛的岛屿上都拥有领土的国家，地理位置优越。马来西亚的国土面积较大，将近33万平方公里[①]，分成东马和西马两部分。东马在婆罗洲岛的北部，南面毗邻印度尼西亚，北面与文莱接壤；西马则在马来半岛上，北面毗邻泰国，南面与新加坡接壤，西面则是连接东西方海运渠道的马六甲海峡。

---

① 数据来源：https://www.malaysia.gov.my/portal/content/142；获取时间：2019年12月10日

早在公元1世纪，来自印度的商人就与来自中国的商人在马来群岛上进行贸易往来，他们的到来使印度文明和中国文明对当地文化留下了深远的影响，印度教和佛教在马来群岛得以传播开来。从公元1世纪到公元15世纪初，马来半岛南部地区尚无统一国家出现。在公元14世纪，来自苏门答腊的三佛齐王子拜里米苏拉从巨港逃到淡马锡，并成为当地的新统治者，随后，拜里米苏拉又到了马六甲，建立马六甲苏丹王朝。在这一时期，凭借着马六甲的战略位置，马六甲苏丹国迅速发展起来。1511年，葡萄牙舰队攻占马六甲，建立殖民地，马来西亚开始了它的被殖民时代。随后，从1629年至1641年，荷兰联合柔佛与葡萄牙舰队争夺马六甲的控制权，随后马来西亚成为荷兰的殖民地。1785年，英国势力开始入侵马来半岛，力图取代荷兰，并于1824年与荷兰签署英荷条约，最终确立了英国对马来西亚的殖民统治。在第二次世界大战期间，日本开始占据马来西亚，马来西亚沦为了日本的殖民地直至1945年日本战败投降。英国殖民政府随即恢复了对马来西亚的殖民统治。1956年2月《伦敦协定》签署确定了马来亚于1957年8月31日独立，东古阿卜杜勒·拉赫曼成为独立的马来亚的第一位总理。1961年5月，东古阿卜杜勒·拉赫曼提出建立“马来西亚”的构想，将曾是英国海外领地的文莱、马来亚、沙巴、砂拉越和新加坡都囊括其中，经过多方磋商，马来西亚于1963年9月16日正式成立，由马来亚、沙巴、砂拉越与新加坡共同组成，1965年，新加坡脱离马来西亚独立。

与其他国家相比，英国对马来西亚的殖民时间是最长的。为了巩固英国的统治以及最大限度地开发马来西亚，殖民政府敞开接纳各地移民，其中包括中国（主要是闽粤地区）的华人、印尼的马来人、印度的泰米尔人、巴基斯坦人、锡兰人等。因此，马来西亚逐渐发展成为一个多民族、多语言、多元文化的国家，其中马来人占马来西亚人口的一半以上。截至2020年12月，马来西亚的人口达到了3240万[①]。

马来西亚的官方语言是马来语，英语作为第二语言或通用语言被广泛使用，此外，华语和泰米尔语也通用。在过去英国长时间的殖民统治过程中，

---

① 数据来源：http://www.statistics.gov.my/

英语曾一度是马来西亚的官方语言，直至1969年种族骚乱事件后，马来西亚政府为了加强马来人在马来西亚的地位，将马来语确立为官方语言。即便如此，在马来西亚社会的许多领域，英语依然是一种非常活跃的第二语言，政府甚至一度要求将英语作为教学语言进行数理科教学。马来西亚英语也被称为马来西亚标准英语，是基于英国英语的原型而衍变发展的具有当地特色的英语形态，其在很大程度上遵循英语语法的标准规则，但又具有某些本地特色。再加上马来西亚是一个多种族和多元文化的国家，马来西亚英语也渗透了华语、马来语、淡米尔语、粤语、客家话等多种语言元素，形成多民族语言融合共同发展的局面。

马来西亚子库（Corpus of Malaysia Tourism Information，CMaTI）的文书主要源于马来西亚旅游局的官方网站、马来西亚沙巴州和砂拉越州旅游局的官方网站、东盟旅游网的官方网站和东盟博览会期间马来西亚国家馆提供的纸质宣传资料、活页等，共10.6万词。

一、马来西亚子库基本情况

表4-7是马来西亚子库与东盟总库的基本数据，从该表中可以看出：（1）马来西亚子库的标准化类符/形符比要比东盟总库的高出1.89，相较于其他子库来说，这个数值已经相当高了，这说明马来西亚旅游宣传资料在词汇使用上的丰富程度要大大高于东盟十国的旅游宣传资料总库。（2）虽然马来西亚子库的平均句长比东盟总库高出1.21，但句长标准差小于东盟总库（马来西亚旅游宣传资料语料库的平均句长为7.83~31.55，而东盟总库的平均句长范围为7.6~34.2），这说明马来西亚子库在句子长度上与东盟总库的差距并不算大。

表4-7　马来西亚子库与东盟总库基本数据比较

语料库	形符数	类符数	类符/形符比	标准化类符/形符比	平均词长	词长标准差	平均句长	句长标准差
马来西亚子库	106389	10229	9.61%	48.75	4.85	2.53	19.69	11.86
东盟总库	1015538	43714	4.30%	46.86	4.90	2.59	20.90	13.30

（一）词长分布

图4-2是马来西亚子库与东盟总库的词长为1～15字母的词语在各自语料库中的比重分布的统计。

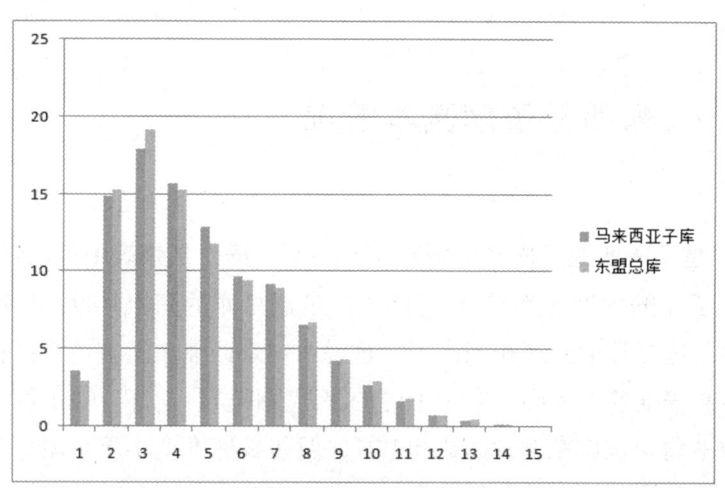

图4-2　马来西亚子库与东盟总库词长分布

从该图可以发现，马来西亚子库在1字母、4～7字母词长的词汇使用比重上高于东盟总库，而东盟总库在其他字母词长的词汇使用上，特别是8字母以上词长词汇使用更多，说明相对于东盟总库而言，马来西亚子库更多使用相对较简单的词汇。

（二）词频比较

表4-8是将AntConc统计出马来西亚子库中使用频率最高的前50位的词与东盟总库中词频最高的50个单词进行比较。表中灰色部分词汇为两个语料库都有且排名差距小于等于10的词汇，加粗词汇为两个语料库都有但排名差距大于10的词汇，其他则为各语料库特有词汇。

表4-8　缅甸子库与东盟总库语料库前50词频对比

马来西亚子库 词频				东盟总库 词频			
序号	单词	序号	单词	序号	单词	序号	单词
1	the	26	this	1	the	26	can
2	and	27	**that**	2	of	27	**has**
3	of	28	one	3	and	28	which
4	to	29	its	4	to	29	one
5	a	30	sabah	5	a	30	there
6	is	31	kinabalu	6	in	31	also
7	in	32	malaysia	7	is	32	province
8	from	33	will	8	for	33	most
9	for	34	which	9	from	34	island
10	as	35	kota	10	are	35	their
11	are	36	**world**	11	as	36	area
12	with	37	**city**	12	with	37	have
13	at	38	island	13	on	38	**park**
14	on	39	has	14	by	39	will
15	by	40	take	15	it	40	all
16	you	41	visitors	16	at	41	other
17	it	42	sarawak	17	**that**	42	located

续表

马来西亚子库 词频				东盟总库 词频			
序号	单词	序号	单词	序号	单词	序号	单词
18	**park**	43	your	18	you	43	town
19	rm	44	located	19	**city**	44	about
20	or	45	bus	20	was	45	some
21	there	46	centre	21	this	46	river
22	an	47	such	22	or	47	more
23	can	48	getting	23	its	48	many
24	be	49	about	24	an	49	**world**
25	also	50	up	25	be	50	where

将马来西亚子库和东盟总库两个语料库中排名前50的词频进行对比发现：

（1）两个语料库中排名前50的词语重合度有72%，这些重叠词汇有虚词（介词、冠词、连词等），也有系动词be的各种形式和少数名词重叠，如park，city，island等。

（2）两个语料库中排名前50的词语都包含了3个人称/物主代词，分别为you，it和its，但是马来西亚子库里还有一个第二人称的物主代词your，而东盟总库里却是第三人称的物主代词their。

（3）马来西亚子库前50里还有5个表示地点的名词上榜，分别是sabah，kinabalu，malaysia，kota和sarawak，这几个词突出了马来西亚子库的国家主题。

（4）马来西亚子库前50里还有几个其他名词，分别是rm，world，visitors，bus和centre。

（5）马来西亚子库前50里也有实义动词take和get，但与其他有实义动词上榜的子库（如新加坡子库和印尼子库）不同的是，动词get上榜的是其-ing形式。

（6）马来西亚子库前50里还有介词up，这在东盟总库和其他几个子库里是比较少见的，其在马来西亚子库里的用法有待进一步分析。

（三）主题词表

将东盟总库作为参照语料库，马来西亚子库作为观察语料库，通过软件AntConc以对数似然比的方式生成主题词表，表4-9列出了对数似然比检验结果的前20名。

表4-9　以东盟总库词频为参照的马来西亚子库主题词表前20

排序	K值（主题性）	主题词	排序	K值（主题性）	主题词
1	947.667	rm	11	262.364	borneo
2	593.299	sabah	12	261.419	malaysian
3	592.915	kinabalu	13	235.601	kuching
4	523.525	malaysia	14	228.434	park
5	509.870	kota	15	197.900	bus
6	436.893	sarawak	16	196.732	centre
7	331.654	kuala	17	167.305	selangor
8	280.651	taxi	18	160.880	pm
9	276.873	getting	19	153.501	admission
10	273.990	lumpur	20	140.491	fee

表4-9的主题词表体现出了马来西亚子库的鲜明特点。

（1）排名第1位的是rm（林吉特），马来西亚货币的缩写形式，此外，admission和fee也赫然在榜，分别排在该主题词表第19和20位，说明“门票”“费用”等信息在马来西亚旅游宣传里占据了重要地位。

（2）马来西亚子库中有许多主题显著的地名：sabah（沙巴），kota kinabalu（亚庇），malaysia（马来西亚），sarawak（砂拉越），kuala lumpur（吉隆坡），borneo（婆罗洲），kuching（古晋），selangor（雪兰莪）等。

（3）与词频比较的发现一致，在主题词表前20里也出现了实义动词get

的-ing形式，其用法有待进一步分析。

（4）Park虽然在马来西亚子库和东盟总库中都有，但其在马来西亚子库主题性较显著，此外，两种交通工具taxi和bus也出现在马来西亚子库的主题词表中。

（四）词簇

为了更好地了解马来西亚子库中词簇的情况，将词簇长度定为2～6词，最低频数50次，得到一个最短为2～6词的词簇表。表4-10列出了N元组生成的2～6词词簇表完整语法结构的前20个词簇，缅甸子库2～6词词簇中包含了不少动词，如：you can，there are，it is，getting there等，在这个列表里，只有2个3词词簇，包括英语的固定搭配as well as，并没有4词以上词簇。

表4-10　N元组生成的2～6词簇表前20

排序	词簇	复现频数	排序	词簇	复现频数
1	kota kinabalu	199	11	you can	106
2	such as	179	12	national park	103
3	getting there	176	13	as well as	95
4	it is	170	14	from kota kinabalu	93
5	the world	148	15	the city	93
6	one of the	143	16	to be	93
7	kuala lumpur	134	17	can be	87
8	the park	124	18	is located	81
9	there are	124	19	opening hours	79
10	as well	108	20	admission fee	76

（五）实词使用情况

将经过词性标注的马来西亚子库用AntConc的Concordance功能，统计了其中形容词、副词、实义动词使用情况排名前10位的词汇（表4-11）。

表4-11　主要词性词频排名前10

形容词	副词	实义动词			
		原形	现在时	第三人称	过去时
类符(1459) 形符(8567)	类符(382) 形符(3130)	类符(515) 形符(2201)	类符(175) 形符(456)	类符(183) 形符(463)	类符(160) 形符(294)
such (170) other (168) local (159) traditional (120) many (106) old (99) malaysian (86) popular (83) available (79) main (79)	also (338) there (225) as (145) here (144) well (120) not (98) about (92) only (74) away (70) just (67)	take (177) get (84) enjoy (78) see (62) do (45) go (44) make (42) experience (39) find (39) visit (38)	include (63) do (33) drive (28) make (26) offer (23) take (19) walk (15) get (14) come / enjoy / need / provide (12)	offers (98) takes (66) provides (33) makes (25) comes (23) includes (21) lies (21) houses (20) boasts / features (9)	found (14) came (10) became (9) opened (7) began (6) called (6) held (6) settled (6) lay / said / started (5)

二、马来西亚子库词汇特点

该部分是基于马来西亚子库基本情况的数据对马来西亚主要词汇的分析。

（一）形容词

（1）popular。形容词popular在马来西亚子库复现频率比较高，其主要搭配有popular beach，popular destinations，popular tourist attractions和popular with等，强调了旅游景点受欢迎。

例4-2-1：Located in a limestone outcrop 15 kilometres north of Kuala Lumpur, Batu Caves is one of the most popular tourist attractions in Selangor.

例4-2-2：Its cool climate and close proximity to Kuala Lumpur—approximately an hour's drive—make it a popular highland getaway among city folks.

（2）traditional。从形容词traditional可以看出马来西亚在旅游宣传中侧重强调“传统”。例如，traditional costume，traditional cultures和traditional dance等，这些传统的服饰、文化等是马来西亚引以为傲的旅游资源。

例4-2-3：The village residents provide information on their various traditional cultures and lifestyles.

例4-2-4：From magnificent tribal head-feathers with bark body-covers to antique gold-woven royal songket fabric, the array of Malaysia's traditional costumes and textiles are stunningly diverse and colourful.

（3）old。形容词old在马来西亚子库出现频率也不低，但其搭配与菲律宾子库中常见的century/centuries略有不同，而多用age-old的结构。

例4-2-5：Estimated to be over 130 million years old, Taman Negara is Malaysia's premier national park and one of the world's oldest rainforests.

例4-2-6：Located just off the coast of Kedah, Langkawi is as much shrouded in age-old myths and legends as it is filled with natural beauty.

（二）动词

表4-12是马来西亚子库中实义动词与系动词使用频率的统计。

表4-12　马来西亚子库实义动词与系动词使用频率

实义动词		系动词	
时态	频率	时态	频率
原形	2201	be	342
现在时	456	am/are	743

续表

实义动词		系动词	
时态	频率	时态	频率
第三人称单数	463	is	1654
过去时	294	was/were	177
合计	3414	合计	2916

从表4-12可以发现，马来西亚子库的实义动词的使用仅略高于系动词的使用，是其1.17倍。

（1）take。实义动词take在马来西亚子库中共出现225次，在词频表中排名40，用Antconc的Concordance功能查看take在马来西亚子库中的使用可以发现：take在马来西亚子库中的搭配和用法也可以分为以下三类。

a. take + 交通工具：take a boat（bus，cruise，flight，longboat，minibus，minivan，public transport，taxi，train等）。

b. 固定搭配：take a city tour，take a close look，take a day trip，take care，take home，take in，take-off point，take part in，take photos，take place等。

c. take + 时间：take about 2-3 hours drive，take almost a full day等。

值得注意的是，在马来西亚子库中“take + 时间”的用法只占take用法的十分之一，其他主要还是以“take + 交通工具”的用法为主。而take的第三人称单数形式takes在语料库中出现了71次，倒有77%的用法是“takes + 时间”。

除此之外，taking在马来子库中出现了18次，took出现了4次，taken出现了8次，它们的用法基本也可以归纳为上面三类。

（2）getting。马来西亚子库前50里也有实义动词get，但与其他子库不同的是，动词get上榜的是其-ing形式。接下来，通过AntConc的Concordance功能研究一下getting在马来西亚子库中的使用情况。

getting在马来西亚子库中共出现185次，而get共出现111次。表4-13是getting和get在马来西亚子库中的用法统计。

表4-13 getting与get在马来西亚子库中的用法统计

排序	getting词簇	复现频数	排序	get词簇	复现频数
1	getting there	176	1	get + 介词	29
2	getting + 形容词/形容词短语	3	2	get + 名词/名词短语	24
3	getting to + 名词	2	3	get + 形容词/形容词短语	23
4	getting + 介词	1	4	get to + 名词	16
5	getting + 名词/名词短语	1	5	get there/here	10
6	getting to + 动词	1	6	get to + 动词	8
7	getting around	1	7	get around	1
	合计	185		合计	111

从表4-13中可以看出，getting there这个表述在getting的用法里占了绝对多数，同样说明在马来西亚子库里对于方向指引颇为看重，这也说明旅游目的地的交通、路线指引是旅游宣传资料中不可或缺的一部分。

除此之外值得注意的是，get的第三人称单数gets在语料库中出现了6次，而got和gotten则一次都没有出现过。

（三）其他词汇

马来西亚子库前50里还有up，词频为183次，这个词在东盟总库和其他几个子库里只有新加坡子库进入词频前50，因此，对其在马来西亚子库的用法进行进一步分析。根据AntConc的搜索，up在该子库里的使用可以分为小品词、副词、介词和合成词。

（1）“up”作为小品词：“up”作为小品词的使用是马来西亚子库中最多的情况，共有124次。

例4-2-7：The Memorial is made up of four beautiful gardens—the Australian Garden, the English Garden, the Borneo Garden and the Contemplation Garden and Pool—to represent the different nationalities.

例4-2-8：Walking through it promises to be an interesting experience, and it is also a good place to pick up some casual attire, local products, as well as sample local delicacies.

（2）up作为副词：up作为副词的使用在马来西亚子库中出现了29次。

例4-2-9：The reserve is also home to the world-famous Sepilok Orang Utan Rehabilitation Centre, where you get to see this endearing species up close and learn more about them.

例4-2-10：Scaling the 272 steps leading up to the temple is one of the highlights of a visit to Batu Caves.

（3）up作为介词：up作为介词使用在马来西亚子库中出现了24次。

例4-2-11：From here, it's a straightforward climb up the limestone face of the hill.

例4-2-12：Hike up to the top of its seven tiers for a superb view of the surroundings.

除此之外，up在马来西亚子库中还有与其他词连用构成合成词的用法，如close-up，grown-up，pick-up和dried-up，不过使用频率不是很多。

三、马来西亚子库句法特点

（一）第二人称的使用

在上文的词频比较中发现，马来西亚子库中第二人称物主代词your的使用也较东盟总库频繁，结合同样位列词频表前50的第二人称人称代词you，说明在马来西亚子库中更偏好第二人称的视角。例如：

例4-2-13：If you're looking for fun and adventure for the whole family, Johor's cutting-edge theme parks offer you just that.

例4-2-14：Once you exit the KLIA Ekspres train onto KL Sentral, you can easily take RapidKL and Monorail to key stops throughout the city.

这些第二人称的视角在旅游者阅读时可以形成一种仿若面对面交流的效果，给人更亲切的阅读感受。

（二）祈使句的使用

在语料研读时还发现，马来西亚子库里有许多祈使句，这一类祈使句具有呼告功能，给旅游者提供旅行和消费的建议。例如：

例4-2-15：Sip on hot Cameronian tea while nibbling freshly baked scones at this cool hill station.

例4-2-16：Thus, when purchasing Bird's Nest, make sure that it is a pure product with no chemical processing.

四、小结

在殖民地时期，英语曾经一度是马来西亚的主要语言，因此马来西亚应归入Kachru模型中的外圈国家。根据目前收集到的语料，马来西亚子库的语料体现出了以下特点。

（1）虽然马来西亚子库在词汇丰富程度上要优于东盟总库，但马来西亚子库在复杂词汇使用上却少于东盟总库。

（2）从旅游发展情况来说，马来西亚也属于旅游业较为发达的国家。根据词频比较、主题词和词簇表可以发现，马来西亚旅游宣传语料非常注重提供门票费用、交通路线和方式等实用信息。

（3）在句法上，马来西亚旅游宣传更偏好使用第二人称和祈使句，给读者形成一种面对面交流的亲切效果。

第三节　文　莱

文莱德鲁萨兰国，简称“文莱”，是一个君主专制国家。文莱位于亚洲东南部，婆罗洲北部，东南西三面与马来西亚的砂拉越州接壤，国土总面积只有为5765平方公里，是唯一一个完全在婆罗洲岛上的主权国家。

早在1万多年前，文莱就有人类定居。公元977年是最早有婆罗洲独立王国的记载。苏丹博尔基亚（Sultan Bolkiah，在位时间：1485—1528）的统治时期被认为是文莱帝国的鼎盛时期，当时的文莱囊括了婆罗洲的大部分地区，包括现在的砂拉越和沙巴，以及婆罗洲东北角的苏禄群岛和婆罗洲西北角的岛屿。在此之前，文莱与中国一直保持友好往来，受中国文化影响，佛教盛行。14世纪中叶伊斯兰教传入文莱。15世纪初，马六甲王国兴起，文莱曾依附该王国，不久之后又恢复独立。该国国王皈依伊斯兰教，改制苏丹国。16世纪中叶开始，葡萄牙、西班牙、荷兰、英国等西方殖民者相继入侵文莱，1578年西班牙人远征婆罗洲给文莱造成很大打击。文莱国土屡次被分割，国势逐渐衰微，只剩都城周边的领土，18世纪70年代，英国势力侵入，1888年，文莱沦为英国的保护国。1941年至1945年间，日本占领文莱，二战日本战败后，英国又重新获得文莱的控制权。经过文莱政府不断与英国政府谈判协商，1978年，文莱与英国缔结了友好合作条约。根据条约规定，英国于1984年1月1日放弃其掌握的文莱外交和国防权力，宣布文莱完全独立。

文莱虽是个小国，但其拥有的民族及其使用的语言却并不少，文莱总人口约46万，约三分之二的人口为马来人，人口最多的少数民族是华人，约占总人口10%。马来语是文莱的官方语言，英语为通用语，华语使用较广泛。文莱的大众媒体和教育体系使用的媒介语都以马来语和英语为主，小学一年级就开始使用英语教授数学和科学课程。因此，英语在文莱的普及程度还是比较高的。

从中国—东盟博览会期间文莱国家馆纸质宣传册、文莱旅游局和文莱大使馆等官方网站收集到文莱旅游宣传语料共51393词，建成文莱子库（Corpus of Brunei Tourism Information，CBTI），该子库在东盟十国子库中规模最小。

一、文莱子库基本情况

表4-14是文莱子库与东盟总库的基本数据比较，从该表中可以看出：（1）文莱子库的标准化类符/形符比比东盟总库低0.19；另外，文莱子库的平均词长也比东盟总库的少0.02，这说明文莱旅游宣传资料在词汇使用上的丰富程度稍逊于东盟十国的旅游宣传资料总库，但总体差距不大。（2）文莱子库的平均句长要比东盟总库低1.08词，说明文莱旅游宣传资料语料库里使用的短句更多。

表4-14　文莱子库与东盟总库基本数据比较

语料库	形符数	类符数	类符/形符比	标准化类符/形符比	平均词长	词长标准差	平均句长	句长标准差
文莱子库	51393	7005	13.63%	46.67	4.96	2.57	21.98	13.91
东盟总库	1015538	43714	4.30%	46.86	4.90	2.59	20.90	13.30

（一）词长分布

图4-3是文莱子库与东盟总库的词长为1～15字母的词语在各自语料库中的比重分布的统计：从该图可以发现，文莱子库在2字母和3字母词长的词汇使用比重上都明显低于东盟总库，而6字母和7字母词长的词汇使用比重上则明显高于东盟总库，结合表4-14的平均词长和词长标准差，进一步说明文莱旅游宣传子库在词汇使用丰富程度上与东盟十国的旅游宣传资料总库并无显著差异。

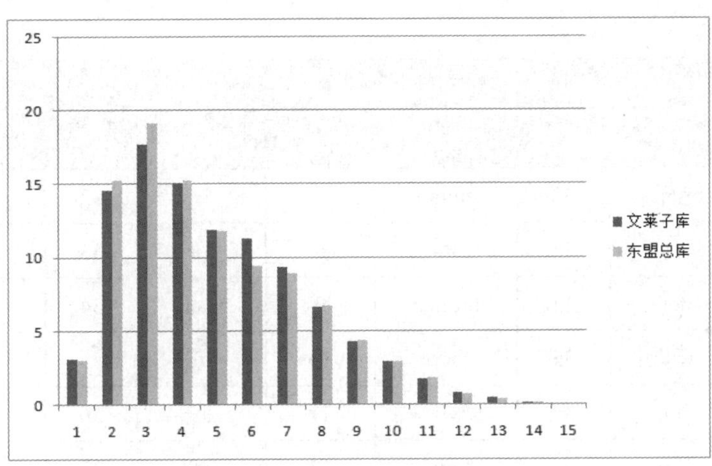

图4-3 文莱子库与东盟总库词长分布

（二）词频比较

表4-15是用AntConc统计出文莱子库中使用频率最高的前50位的词与东盟总库中词频最高的前50个单词进行比较。表中灰色部分词汇为两个语料库都有且排名差距小于等于10的词汇，而加粗词汇为两个语料库都有但排名差距大于10的词汇，其他则为两个语料库特有的高频词汇。

表4-15 文莱子库与东盟总库语料库前50词频对比

文莱子库 词频				东盟总库 词频			
序号	单词	序号	单词	序号	单词	序号	单词
1	the	26	which	1	the	26	can
2	and	27	an	2	of	27	has
3	of	28	one	3	and	28	which
4	to	29	was	4	to	29	one
5	a	30	also	5	a	30	there
6	in	31	has	6	in	31	also

续表

文莱子库 词频				东盟总库 词频			
序号	单词	序号	单词	序号	单词	序号	单词
7	brunei	32	sultan	7	is	32	province
8	is	33	**its**	8	for	33	**most**
9	for	34	borneo	9	from	34	island
10	with	35	there	10	are	35	**their**
11	as	36	will	11	as	36	area
12	are	37	hotel	12	with	37	have
13	from	38	other	13	on	38	**park**
14	on	39	tour	14	by	39	will
15	at	40	all	15	it	40	all
16	be	41	seri	16	at	41	other
17	it	42	bandar	17	that	42	located
18	by	43	**most**	18	you	43	town
19	that	44	begawan	19	city	44	about
20	or	45	have	20	was	45	some
21	can	46	your	21	this	46	river
22	this	47	**their**	22	or	47	more
23	**park**	48	well	23	its	48	many
24	you	49	some	24	an	49	world
25	water	50	darussalam	25	be	50	where

将文莱子库和东盟总库两个语料库中排名前50的词频进行对比可以发现：

（1）两个语料库中排名前50的词语有的重叠率有76%，这些重叠词汇多为虚词（介词、冠词、连词等），但是也有系动词be的各种形式、一些代词和个别名词重叠，如park。

（2）两个语料库中排名前50的词语都包含了4个人称/物主代词，都是you，it，its和their，但是文莱子库里还多了一个排名第46位的第二人称物主代词your。

（3）文莱子库前50里还有10个名词上榜，分别是brunei，water，sultan，borneo，hotel，tour，seri，bandar，begawan和darussalam，这几个词突出了文莱子库的主题。

（4）文莱子库前50里还有一个副词well使用频率偏高，其在文莱子库中的使用有待后面进一步研究。

（三）主题词表

将东盟总库作为参照语料库，将文莱子库设为观察语料库，通过软件AntConc以对数似然比的方式生成主题词表。因此，表4-16列出了对数似然比检验结果的前20名。

表4-16 以东盟总库词频为参照的文莱子库主题词表前20

排序	K值（主题性）	主题词	排序	K值（主题性）	主题词
1	2611.675	brunei	11	169.081	hotel
2	385.320	seri	12	157.878	mosque
3	371.904	sultan	13	145.032	bnd
4	358.241	bandar	14	144.434	manis
5	356.239	begawan	15	140.504	kampong
6	307.372	darussalam	16	125.397	malay
7	283.734	borneo	17	124.795	bolkiah
8	235.674	ayer	18	124.041	tour
9	209.406	temburong	19	121.994	ali
10	205.473	jerudong	20	121.422	omar

表4-16的主题词表体现出了文莱子库的鲜明特征。

（1）文莱子库主题词表中有许多主题显著的地名：brunei（文莱），darussalam（德鲁萨兰，阿拉伯语中表示“和平之邦”），borneo（婆罗洲），temburong（淡布隆），jerudong（哲鲁东）等。

（2）文莱子库主题词表中还有许多带有明显文化、地域特征的词汇：seri（梵语中对神、圣人的称呼），sultan（苏丹），bandar（马来语表示“市、镇”），begawan（梵语中的“神”），ayer（马来语中的“水”），mosque（清真寺），bnd（文莱元），malay（马来人/马来语）和kampong（部落、小村庄）。

（3）文莱子库主题词表中还出现了不少人名：manis，bolkiah（文莱苏丹的姓：博尔基亚），ali和omar。

（4）文莱子库主题词表中还有一些与旅游相关词汇：hotel和tour。

（四）词簇

为了更好地了解文莱子库中词簇的情况，将词簇长度定为2～6词，最低频数30次，得到一个2～6词的词簇表（见表4-17）。

表4-17　N元组生成的2～6词簇表前20

排序	词簇	复现频数	排序	词簇	复现频数
1	in brunei	150	11	as well	58
2	seri begawan	102	12	the world	57
3	bandar seri begawan	101	13	kampong ayer	55
4	of brunei	99	14	water village	54
5	brunei darussalam	93	15	the nation	53
6	the brunei	85	16	as well as	51
7	the sultan	65	17	the water	49
8	such as	63	18	the country	47
9	to be	60	19	the capital	42
10	jerudong park	59	20	will be	41

表4-17列出了N元组生成的2～6词词簇表完整语法结构的前20个词簇，与东盟总库相比，文莱子库2～6词词簇中包含了不少与文莱相关的词簇，在前10的词簇里就有8个是与文莱相关的，如in brunei，seri begawan，brunei darussalam，the sultan等，在这个列表里，只有2个3词词簇，包括文莱首都bandar seri begawan和一个英语的固定搭配as well as，没有4词或4词以上的词簇进入词簇表的前20。

（五）实词使用情况

将经过词性标注的文莱子库用AntConc的Concordance功能，找出文莱子库中形容词、副词、实义动词使用统计及复现频率排名前10位的词汇。

表4-18 主要词性词频排名前10

形容词	副词	实义动词			
		原形	现在时	第三人称	过去时
类符(1072) 形符(4495)	类符(287) 形符(1695)	类符(359) 形符(1080)	类符(164) 形符(406))	类符(186) 形符(471)	类符(184) 形符(368)
other (124) local (85) many (73) such (73) malay (66) traditional (62) modern (40) available (39) major (39) several / unique (37)	also (145) as (86) not (80) well (75) only (62) very (51) about (41) so (35) back (31) now / there (31)	take (49) see (46) enjoy (41) get (36) find (28) visit (26) go (24) proceed (18) explore (15) do / experience (12)	include (45) offer (27) do (23) enjoy (12) live (11) depart (8) come (7) operate (7) visit (7) take (6)	offers (41) includes (20) takes (14) makes (13) comes (12) contains (10) does (10) provides (10) allows (9) features / houses (8)	took (17) called (14) said (14) came (10) became (9) saw (8) went (8) included (7) wanted (7) began / told found / lived (6)

从表4-18中可以看到，在文莱子库中，形容词使用最为丰富，无论是类符还是形符都要比其他两个词性使用频率高很多。

二、文莱子库词汇特点

该部分是基于上文的数据对文莱主要词汇的分析。

（一）形容词

在文莱子库，使用最多的形容词是other，第二是local。值得注意的是malay一词在文莱子库中频率较高，另一点值得注意的是traditional与modern的共存。

（1）local。表示“当地的”“本地的”，说明文莱在旅游宣传时非常注重推介当地特色。

例4-3-1：It is also the host of a night market that allows local produce, goods and food to be purchased affordably.

例4-3-2：From local vegetables to fish and snacks, the market is a shopping destination that does not shy away from offering the best of Brunei.

（2）Malay。表示“马来的”“马来人的”，文莱有三分之二的人口是马来人，因此马来文化对文莱的影响也体现在文莱的旅游宣传中。例如：

例4-3-3：The nation's Malay Islamic Monarchy is a uniquely Bruneian blend combining the best of Malay culture with the teachings of Islam, loyalty to the state, and a mutual respect between ruler and subjects.

例4-3-4：Brunei's culture is deeply rooted in its Malay origins, which are reflected in the nation's language, architecture, ceremonies, and customs governing daily life.

（3）Traditional V.S. Modern。文莱既是一个有悠久历史的国度，又是一个现代化国家，因此在文莱子库里有一个非常有趣的现象就是“传统”与“现代”的并存。一方面，宣传语料里强调着文莱的传统文化，另一方面，文莱又要展示其现代化的一面。

例4-3-5：This [is] a vast village on the water with traditional and modern building, [.] it [It] was lovely to be on the water to visit all this.

例4-3-6：Following the war, it was the late Sultan Omar Ali Saifuddien, the true architect of modern Brunei, who set Brunei on its course to modernization.

（二）副词

副词well在文莱子库词频表中排名48，共出现96次[①]，而在东盟总库中well一词并未进入词频表前50，这说明相较东盟总库，well一词在文莱子库的使用频率偏高，因此，表4-19列出了well在文莱子库中的主要搭配和用法。

表4-19 well在文莱子库中的主要用法

排序	词簇	复现频数
1	as well as	51
2	well(-) +形容词	30
3	as well	7
4	very well	5
5	well其他用法	3

从表4-19中可以看出，as well as这个固定搭配在well的用法里占了一半以上，而在“well + 形容词”的结构，well-known和well-equipped这类有宣传功能的表述占了接近一半的比例。例如：

例4-3-7：It is well-known in this region because more people see Jongsarat being used than any other design.

例4-3-8：For your business requirements, we have a well-equipped Business Center where you can do your business transactions and get connected to your offices anywhere in the world.

① 表4-18中的词性统计中，副词部分并未将“well-”情况统计入内，因此两处数据有出入，特此说明。

这一类搭配的使用说明在文莱子库里还是比较注重旅游文本的宣传功能的。

（三）动词

从表4-20中可以看出，文莱子库使用实义动词的情况要比使用系动词多1.44倍。

表4-20　文莱子库实义动词与系动词使用频率

实义动词		系动词	
时态	频率	时态	频率
原形	1080	be	279
现在时	406	am/are	363
第三人称单数	471	is	771
过去时	368	was/were	201
合计	2325	合计	1614

（四）文莱特色词汇water与ayer

名词water在文莱子库中共出现179次，在词频表中排名25，用AntConc的Concordance功能查看water在文莱子库中的使用可以发现其搭配主要有：water village复现频率54次、water taxi复现频率19次、water sports复现频率11次、water park复现频率8次，其他搭配还有如：water rafting，water skiing和water dive等。

除了water一词，在4-16主题词表里还出现了ayer，该词来自马来语，表示“水”，在文莱子库中包含有ayer的表述共71处，搭配皆为“水村”（kampong ayer，kampung ayer和kg ayer），充分体现了文莱临水和以水为主的活动特点。例如：

例4-3-9：You can hail for a water taxi from the numerous jetties along the banks of Brunei River.

例4-3-10：Kampong Ayer is also equipped with other modern amenities such as schools, convenient shops, mosques, clinics, police stations, postal services and fire brigades provided by the Government.

三、文莱子库句法特点

虽然文莱子库的语料只有5万词，是所有子库中最少的，但文莱子库的句法却体现出了鲜明的特色。

（一）短句的使用

在文莱子库中使用了大量短语或不完整的句子，这些句子语义精简、凝练，每个词都有其作用，没有任何一个多余的词，突出了文莱英语的地方特色。

例4-3-11：A walk in the canopy of a pristine rainforest. A challenging round of night golf. The thrills of Jerudong Park. The opulence of the largest residential palace in the world. The serenity of a gilded mosque at dawn. Looking for a surprise in Asia? Discover Brunei, a kingdom of Unexpected Treasures.

例4-3-12：The lush green of the rainforest canopy. The deep mauve of a rare jungle orchid. The crimson streaks of a tropical bird in flight. Brunei gives “local colour” a new meaning.

上述两个例子都不是完整的句子，其中例4-3-11是宣传语料中的一个完整的段落，由7个语法结构不完整的短句组成，这一段的平均句长为7.286词，在这7个句子中，最短的只有5个词，最长的也只有10个词；例4-3-12中有4句话，其中前三句都是结构不完整的小句，囊括了“翠绿的雨林”“深紫的丛林兰花”和“热带鸟类飞翔而过画出的猩红色条纹”烘托出最后一个语法结构完整的句子“文莱给‘本地颜色’赋予了新的意义”，给读者留下了文莱色彩斑斓的印象。

（二）现在时的使用

在上文的词频比较中发现系动词was在文莱子库的排名较靠后，与东盟总库相比，其使用频率靠后了11位。因此，用AntConc将经过TagAnt标注的语料进行搜索，以查看文莱子库中现在时和过去时的使用情况。

表4-21　文莱子库现在时和过去时使用频率

现在时		过去时	
动词	频率	动词	频率
be	219	was/were	201
is/am/are	1134		
have	45	had	22
has	145		
实义动词原形+现在时	562	实义动词过去时	368
实义动词第三人称单数	471		
合计	2576	合计	591

表4-21是文莱子库中现在时和过去时的使用频率对比[①]，可以看到无论是系动词、助动词还是实义动词，在文莱子库中，现在时的使用频率是过去时使用频率的3.56倍，这说明文莱子库中使用现在时的情况更多。

① 该表统计已经排除动词不定式“to be”和“to do”等情况。

（三）第二人称的使用

从上文的词频比较中可以看出在词频表前50里，文莱子库与东盟总库虽然在“you”的使用上频率差不多，但文莱子库比东盟总库多了第二人称物主代词“your”，这说明在文莱子库中第二人称的使用更频繁。

例4-3-13：Business or pleasure, The Brunei Hotel will accommodate your needs throughout your stay.

例4-3-14：Play with your family or compete with your friends at the JP Mini Golf.

第二人称的使用给读者一种当面交流的感觉，更亲切。

四、小结

虽然英语在文莱的普及程度在东盟十国中属于较高，但由于各种客观原因，能收集到文莱旅游宣传的英文语料不多。本章节的分析可以得出以下结论。

（1）虽然文莱属于外圈国家，但文莱子库在旅游宣传语料中词汇使用的丰富程度和难度与东盟总库并没有十分明显的差异。

（2）文莱子库中多用形容词，子库的词汇体现了明显的地域、文化特色。

（3）文莱子库实义动词的使用要多于系动词的使用，说明文莱英语使用程度更娴熟。

（4）相对东盟总库而言，文莱子库偏好使用短句、省略句、现在时和第二人称，能让读者迅速获取所需信息。

第四节　新加坡

新加坡的全称是新加坡共和国，又名“狮城”，位于马来半岛的最南端，是东南亚的一个城市国家。虽然新加坡的国土面积较小，仅有728平方公里[①]（数据统计截至2020年12月），但新加坡的地理位置独特，扼守联通太平洋和印度洋的咽喉要道——马六甲海峡，是海上航线的天然交汇点，因此，新加坡在历史上占据了重要位置，成为海上的贸易中心。

在公元14世纪，三佛齐王子拜里米苏拉从巨港逃到淡马锡（今天的新加坡），并成为当地的新统治者，随后，拜里米苏拉又到了马六甲，建立马六甲苏丹王朝，至此，新加坡一直在马六甲的统治之下，直到1613年，新加坡河口的港口被焚毁。在接下来近两个世纪中，都没有史料记载新加坡的情况。到19世纪，当时的英国正在马六甲区域寻找港口作为船队的据点，1819年，英国人史丹福·莱佛士（Stamford Raffles）来到新加坡，他认为这个海岛有很大的发展潜力，是理想的选择，于是与当地的统治者签订条约，将新加坡建设为海上贸易站。在第二次世界大战时期，1941—1945年间，新加坡曾被日本短暂殖民，日本投降后，英国殖民政府随即恢复了对新加坡的殖民统治。1959 年，新加坡成立自治政府并首次举行立法议会选举，李光耀（Lee Kuan Yew）当选为新加坡第一任总理。1963 年，新加坡一度与马来亚联合邦等合并成为马来西亚，成为新加坡州，但在 1965 年，新加坡脱离马来西亚成为独立自主的民主国家。

新加坡在独立前共被英国殖民统治长达140年，为了对当时的新加坡进行开发，殖民政府对各地移民敞开怀抱，包括来自中国（主要是闽粤地区）的华人、印尼的马来人、印度的泰米尔人、巴基斯坦人、锡兰人等。因此，构成了新加坡人种繁多、族群互异、语言多元化的多元种族社会。截至2020

---

① 数据来源：https://www.singstat.gov.sg/find-data/search-by-theme/society/environment/latest-data；获取时间：2021年2月15日。

年12月，新加坡的人口达到了568.5万。[①]

早在英国殖民时期，英语就逐渐在新加坡占据主要地位，是当时政府部门的主要工作语言。同时，由于新加坡众多族群之间的交流也需要一种共通的语言进行交流，因此，在新加坡独立之时就规定了马来语是国语，而马来语与英语、华语和泰米尔语都是新加坡的官方语言，享有同等地位。虽然这四种官方语言在名义上的关系是并列的，而实际上四种语言形成“一大三小”的格局，因为新加坡所推行的双语教育是“英语+母语”的模式，英语是新加坡双语教育中不可或缺的部分，所以，英语在新加坡实际处于强势，凌驾于其他三种语言之上。新加坡英语是在新加坡使用不同母语的人在长期的工作、生活的语言接触下逐渐形成的。最早是这些母语非英语的人在未接受正规教育的情况下学习了一些英语的简单词汇，并融入母语（闽南语、印度语、马来语等）元素，形成了特有的混杂语言，英语也在新加坡的多元文化背景下被赋予了独特的表现形式。英语成为新加坡各种族之间主要的沟通工具，新加坡成为英语在亚洲社会渗透的范例。

从中国—东盟博览会期间新加坡国家馆纸质宣传资料、新加坡旅游局和新加坡的旅游景点包括圣陶沙、国家美术馆等官方网站等收集到新加坡旅游宣传语料共81936词，建成新加坡子库（Corpus of Singapore Tourism Information，CSTI）。

一、新加坡子库基本情况

表4-22是新加坡子库与东盟总库的基本数据对比，从该表中可以看出：

（1）新加坡子库的标准化类符/形符比相较于东盟总库高出3.73；但是，新加坡子库的平均词长比东盟总库的少0.08，这说明新加坡旅游宣传资料在

① 数据来源：https://www.singstat.gov.sg/find-data/search-by-theme/population/population-and-population-structure/latest-data；获取时间：2021年2月15日。

词汇使用的丰富程度上优于东盟十国的旅游宣传资料总库，但新加坡偏向使用较短、较简单的词汇。

（2）新加坡子库的平均句长要比东盟总库多0.21词，句长标准差也更大，说明新加坡旅游宣传资料语料库里使用的句子相对较长。

表4-22　新加坡子库与东盟总库基本数据比较

语料库	形符数	类符数	类符/形符比	标准化类符/形符比	平均词长	词长标准差	平均句长	句长标准差
新加坡子库	81936	10787	13.17%	50.59	4.82	2.51	21.11	14.67
东盟总库	1015538	43714	4.30%	46.86	4.90	2.59	20.90	13.30

（一）词长分布

图4-4是新加坡子库与东盟总库的词长为1～15字母的词语在各自语料库中的比重分布的统计。从该图可以发现，新加坡子库只有在1字母、4字母和6字母词长的词汇使用比重上高于东盟总库，特别是4字母词长，明显比东盟总库高出许多；而在3字母、7字母和11～13字母词长的词汇使用比重上则与东盟总库基本相当。

（二）词频比较

表4-23是用AntConc统计出新加坡子库中使用频率最高的前50位的词与东盟总库中词频最高的50个单词的比较。表中灰色部分词汇为两个语料库都有且排名差距小于等于10的词汇，加粗词汇为两个语料库都有但排名差距大于10的词汇，其他则为各语料库特有词汇。

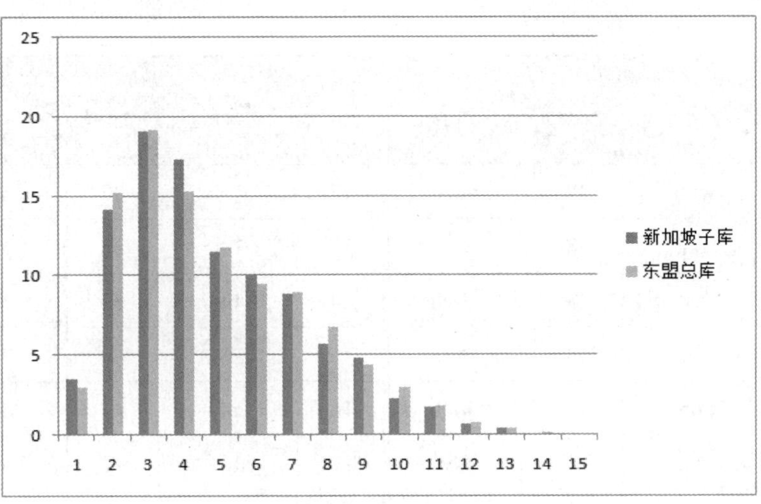

图4-4　新加坡子库与东盟总库词长分布

表4-23　新加坡子库与东盟总库语料库前50词频对比

新加坡子库 词频				东盟总库 词频			
序号	单词	序号	单词	序号	单词	序号	单词
1	the	26	can	1	the	26	can
2	and	27	**park**	2	of	27	has
3	of	28	sentosa	3	and	28	**which**
4	a	29	pm	4	to	29	one
5	to	30	up	5	a	30	**there**
6	in	31	am	6	in	31	also
7	singapore	32	all	7	is	32	province
8	for	33	one	8	for	33	most
9	you	34	our	9	from	34	island
10	at	35	art	10	**are**	35	**their**
11	is	36	**world**	11	as	36	area

续表

新加坡子库 词频				东盟总库 词频			
序号	单词	序号	单词	序号	单词	序号	单词
12	with	37	**more**	12	with	37	have
13	on	38	**its**	13	on	38	**park**
14	as	39	also	14	by	39	will
15	your	40	out	15	it	40	all
16	from	41	**which**	16	at	41	other
17	that	42	**city**	17	that	42	located
18	by	43	have	18	you	43	town
19	it	44	will	19	**city**	44	about
20	**are**	45	**there**	20	was	45	some
21	or	46	get	21	this	46	river
22	an	47	like	22	or	47	**more**
23	this	48	if	23	its	48	many
24	be	49	take	24	an	49	**world**
25	we	50	**their**	25	be	50	where

将新加坡子库和东盟总库两个语料库中排名前50的词频进行对比发现：

（1）两个语料库中排名前50的词语有的重叠率有70%，这些重叠词汇多为虚词（介词、冠词、连词等）、代词和系动词be的多种形式，以及名词park和world。

（2）新加坡子库中排名前50的两个地名singapore和sentosa表明了新加坡子库的地方特色。

（3）两个语料库中排名前50的词语都包含了4个人称/物主代词，分别是you，it，its和their，但是新加坡子库里明显you的使用更频繁，而且新加坡子库里还有另外3个人称代词your，we和our，这说明新加坡子库里除了多用第二人称外，以第一人称复数口吻宣传的情况也比较多。

（4）相较其他子库和总库不同的是，新加坡子库前50里还有2个实义动词上榜，分别是get和take，其使用有待后面进一步研究。

（5）新加坡子库前50里还出现了up，排名第30，这与东盟总库有所区别，其在子库中的具体用法将在下文分析。

（三）主题词表

将东盟总库作为参照语料库，将新加坡子库设为观察语料库，通过软件AntConc以对数似然比的方式生成主题词表。因此，表4-24列出了对数似然比检验结果的前20名。

表4-24 以东盟总库词频为参照的新加坡子库主题词表前20

排序	K值（主题性）	主题词	排序	K值（主题性）	主题词
1	2434.335	singapore	11	191.171	art
2	623.800	sentosa	12	189.329	marina
3	510.563	you	13	173.096	fun
4	439.634	your	14	168.880	bar
5	355.462	pm	15	163.592	siloso
6	316.731	we	16	156.052	changi
7	303.042	am	17	149.590	segway
8	273.741	our	18	146.751	gallery
9	255.528	at	19	127.806	merlion
10	208.080	mrt	20	121.437	out

表4-24的主题词表体现出了新加坡子库的鲜明特征。

（1）新加坡子库主题词表中有许多主题显著的地名：singapore（新加坡），sentosa（圣陶沙），siloso（西乐索海滩）和changi（樟宜机场）等，突出了该子库的地域性。

（2）新加坡子库主题词表中还有许多带有明显文化和地域特征的词汇。

marina（码头）和merilion（鱼尾狮）等。

（3）新加坡子库主题词表中还出现了时间的缩写pm，am，说明在新加坡旅游宣传中比较注重提供时间信息。

（4）新加坡子库主题词表中还包括了形容词“fun”等，其用法有待进一步研究。

（四）词簇

为了更好地了解新加坡子库中词簇的情况，将词簇长度定为2～6词，最低频数30次，得到新加坡子库2～6词的词簇表。表4-25 列出了N元组生成的2～6词词簇表完整语法结构的前20个词簇，与新加坡相关的短语有in singapore，of singapore和the singapore，名词短语有“the +名词”结构，动词短语有you can，to be，there are和it is等。新加坡子库2～6词词簇前20中没有一个3词词簇出现。

表4-25　N元组生成的2～6词簇表前20

排序	词簇	复现频数	排序	词簇	复现频数
1	in singapore	163	11	the island	55
2	of singapore	143	12	there are	55
3	if you	124	13	it is	52
4	you can	123	14	as well	48
5	the world	101	15	the most	48
6	the singapore	92	16	more than	46
7	the city	77	17	will be	43
8	such as	75	18	nearest mrt	41
9	marina bay	70	19	the best	39
10	to be	58	20	the first	39

（五）实词使用情况

用AntConc的Concordance功能对经过词性标注的新加坡子库进行搜索，统计了其中形容词、副词、实义动词使用情况排名前10位的词汇。

表4-26　主要词性词频排名前10

形容词	副词	实义动词			
		原形	现在时	第三人称	过去时
类符(1602) 形符(7101)	类符(368) 形符(2621)	类符(623) 形符(2666)	类符(274) 形符(853)	类符(291) 形符(831)	类符(179) 形符(300)
first (96) local (91) new (84) such (78) free (75) many (73) good (62) Chinese (60) popular (60) great (59)	also (184) not (129) here (115) just (96) as (84) so (74) only (69) even (66) well (62) back (51)	take (135) get (132) enjoy (77) find (69) go (65) explore (58) make (47) see (47) discover (22) try (38)	do (80) get (31) love (27) include (26) know (23) take (22) go (21) think (21) walk (21) want (20)	offers (55) features (31) provides (29) makes (27) takes (23) does (21) includes (19) means (17) comes (15) serves (14)	became (12) did (11) used (7) took (6) closed (5) included (5) made (5) said (5) began / curated / held / opened / put / received / started (4)

从表4-26中可以看到，新加坡子库中排名靠前的形容词有new，free，Chinese等，这些词在其他几个子库中并不常见。

二、新加坡子库词汇特点

下面将重点研究新加坡子库中使用的高频词汇和主题性突出的词汇。

（一）形容词

（1）new。new并未进入前面分析的三个子库中，相反，在菲律宾和马来西亚子库中，形容词old占据显著位置。而在新加坡子库形容词排名中既不见traditional，也不见ancient和old，反而是它们的反义词new，由此可见新加坡旅游宣传的重点与前面三国很不相同。在新加坡子库中，new的搭配有很多，其中包括new attraction，new dimension，new sights和new heights。这说明新加坡在旅游宣传中注重的是对自身旅游资源新颖、新奇特点的宣扬以吸引游客。

例4-4-1：We've got a host of exciting new attractions and snow so real that you feel like you're in the North Pole!

例4-4-2：Take your romance to new heights by having a meal amongst the stars.

（2）free。形容词free在新加坡子库中出现频率较高，其中搭配包括：free entry，free events，free museum和free to climb/enter/stay等，说明旅游资源的优惠信息也是新加坡旅游宣传的特点之一。

例4-4-3：Shop tax free and hassle free!

例4-4-4：World-class attractions such as the captivating Butterfly Garden, free cinema screenings 24/7 as well as the world's tallest slide in an airport makes Changi an amazing destination on its own.

（3）fun。形容词fun在新加坡子库中共出现117次（包括“fun-”结构），却能够位列主题词表前20，说明fun在该库的使用频率远远高于其他子库和总库，通过AntConc的Concordance功能，发现在新加坡子库中“fun（有趣）”的情形很多：可以是 fun activities，fun facts，可以是fun and educational，fun and memorable，可以是fun-filled adventure，也可以是fun for the whole family，fun in the sun，说明新加坡的旅游宣传强调在新加坡旅游的趣味性。

例4-4-5：Watch planes take off and land from the Aviation Gallery, which also provides a fun history lesson on Singaporean aviation. Conclude the outing with a ride on the Sky Train!

例4-4-6：With so many attractions and scenic spots of nature on offer, MacRitchie is an excellent destination for anyone who loves fun and the outdoors.

（二）动词

表4-27是新加坡子库中实义动词与系动词使用频率的统计。

表4-27　新加坡子库实义动词与系动词使用频率

实义动词		系动词	
时态	频率	时态	频率
原形	2666	be	290
现在时	853	am/are	485
第三人称单数	831	is	1022
过去时	300	was/were	152
合计	4650	合计	1949

从表4-25可以看出新加坡子库的实义动词的使用远远多于系动词的使用，是其2.39倍，说明相较于其他子库，新加坡子库实义动词的使用更丰富。此外，feature一词用作动词第三人称单数的用法也相对靠前，下文将一并讨论。

（1）get。动词get在新加坡子库中共出现164次，在词频表中排名46，通过AntConc的Concordance功能，发现在新加坡子库中get的主要搭配有以下几种。

① get + 名词

例4-4-7：Pack up a rug and your favourite foods and get a picnic spread going on at your favourite green spot.

例4-4-8：You'll get the chance to learn different types of binding from Japanese stab to bradel and case, double Coptic to long stitch and link.

② get to + 动词

例4-4-9：You get to admire morning's beauty in this scenic tour including entry to the Fort Siloso and the iconic Merlion.

例4-4-10：Speed away like Lewis Hamilton (sorta) on the F1 race track with

Ultimate Drive, where you get to choose between a sexy Ferrari F430 F1 Spider or the slick Lamborghini Gallardo Spyder.

③ get + 形容词

例4-4-11：Through such diverse and interactive learning experiences, children can learn to develop valuable life skills such as responsibility, confidence and independence, that will help them follow their dreams and get ready for a better world!

例4-4-12：Food puts people in the mood for love, so get cosy with a romantic dining experience at places such as Italian restaurantAlkaff Mansion Ristorante, in a restored historic mansion on top of a hill overlooking a park and the sea.

④ get + 介词

例4-4-13：There aren't many places where you can get in the water with an Indo-Pacific Bottlenose Dolphin, and Dolphin Island at Resorts World Sentosa is one of them.

例4-4-14：The Mass Rapid Transit (MRT) system is probably the fastest way to get around Singapore besides taxis.

（2）take。动词take在新加坡子库中共出现159次，在词频表中排名49，通过AntConc的Concordance功能，发现在新加坡子库中take的主要搭配有以下两种。

① take + 名词

例4-4-15：The tombs of the Malay Kings are close at hand... and if it is my fate to die here, I shall take my place amongst them—Sir Stamford Raffles, 1823.

例4-4-16：Take a selfie with Angelina Jolie & Brad Pitt at our exclusive A-List Party, grab yourself a microphone and hop on stage with Beyonce, celebrate a win with Sachin Tendulkar and more!

② take + 介词

例4-4-17：Watch planes take off and land from the Aviation Gallery, which also provides a fun history lesson on Singaporean aviation.

例4-4-18：Off the trails, bikers can also take on the park's "Freeride Skills

Park" for competitive trials that engage riders with a series of obstacles; or the "Dirt Skills Park" , designed to accommodate riders of all skill ranges.

（3）features。及物动词，表示"以……为特色"或"由……组成"，在菲律宾子库中也有出现。

例4-4-19：The Dragon Boat Festival held annually in Bedok Reservoir features the fittest dragon-boating crews from all over the world.

例4-4-20：Once a month the free concert series, Beautiful Sunday, features performances by local musicians.

从上述例句中可以看出，在新加坡子库features一词的使用与菲律宾子库相似，都主要用于突出特色。

（三）其他词汇

新加坡子库前50里还有up，词频为240次，这个词在东盟总库和其他几个子库的词频排名前50里并不多见，因此，此处专门将其用法进行分析。根据AntConc的搜索，up在马来西亚子库里的使用可以分为小品词、副词、介词和合成词。

（1）up作为小品词：up作为小品词的使用是新加坡子库中最多的情况，共有151次。

例4-4-21：You're catapulted 60 meters high up in the air at a speed of about 200 km / hour.

例4-4-22：The walk down Singapore's past ends at a short, winding staircase up to the pinnacle of Mount Faber.

（2）up作为副词：up作为副词的使用在马来西亚子库中出现了42次。

例4-4-23：If you're up for a little adventure, hire a bicycle and explore the DT six-hectare mangrove forest and its inhabitants like mud crabs and mudskippers.

例4-4-24：The latter is slightly more challenging as it takes you along uphill paths, and up a short but steep slope.

（3）up作为介词：up作为介词使用在马来西亚子库中出现了16次。

例4-4-25：Up your “chic” factor by installing a fancy (yet affordable) piece from the upcoming Affordable Art Fair in your bedroom.

例4-4-26：Modern Singapore still has many surprises up its sleeve, among them is Pulau Ubin, a near pristine island oasis with some of the best city-fringe cycling and mountain biking in Southeast Asia—perfect for those seeking a little respite from the city.

除此之外，up在新加坡子库中还有与其他词连用构成合成词的用法，如up-and-coming，follow-up和line-up等。

三、新加坡子库句法特点

（一）祈使句的使用

在对新加坡子库语料进行研读过程中发现，新加坡子库使用了许多祈使句，这些句子通常表示呼吁。例如：

例4-4-27：Follow the story of a little girl, as her life takes a drastic turn when a bomb explodes at the Raffles Place MRT station.

例4-4-28：Watch the Merlion sing and rap about Singapore and what it means to be Singaporean in this “easy to watch” and “easy to enjoy” show.

这类祈使句是对游客在新加坡旅游的建议，起到了劝说的作用。

（二）疑问句的使用

相较于其他子库来说，新加坡子库里使用了大量的疑问句。例如：

例4-4-29：Do you believe in learning wherever you can—even while on holiday?

例4-4-30：Are you the type of traveller that is open to picking up new skills along the way?

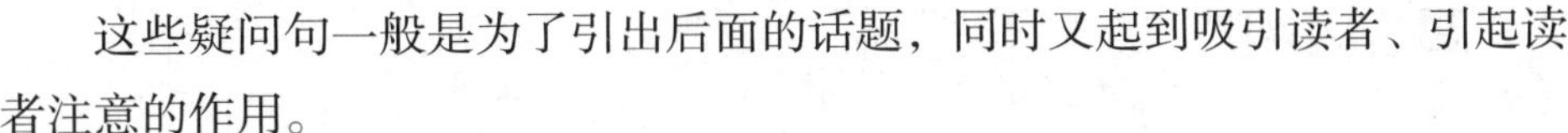

这些疑问句一般是为了引出后面的话题，同时又起到吸引读者、引起读者注意的作用。

（三）第二人称的使用

从表4-23的词频对比和表4-24的主题词表中发现，在新加坡子库里明显you的使用比东盟总库更频繁，第二人称物主代词your也在词频表里位列15位，说明新加坡子库偏好使用第二人称。例如：

例4-4-31：If you would like to stay in Singapore for a longer period, you may apply to the Immigration & Checkpoints Authority (ICA) upon your arrival.

例4-4-32：When night falls, the City's bars come alive and whether a glass of wine or a cocktail is your drink of choice, with a new bar popping up almost every month, there is much more beyond the obvious to explore for a tipple these days.

与马来西亚和文莱子库一样，新加坡也偏好使用第二人称，这种相似性是否与马来文化有一定的联系有待进一步的研究分析。

（四）第一人称的使用

此外，在表4-23的词频对比中还发现在新加坡子库中第一人称复数we和其物主代词our在词频表里分别位列第25和34位，这一现象在其他子库中并不多见，说明除了第二人称的视角，新加坡子库也有不少第一人称视角的表述。例如：

例4-4-33：We bet they'll will love mucking about the obstacle course and zipping around with the Flying Fox.

例4-4-34：At 282 metres (63 storeys) above ground, the triangular-shaped outdoor bar at this self-proclaimed "highest alfresco bar in the world" is indeed a magnificent vantage point, with unobstructed views of our city of lights.

四、小结

新加坡在历史上有被英国殖民上百年的历史，英语在新加坡属于四种官方语言之一，因此新加坡属于Kachru分类中的外圈国家。在目前收集到的语料基础上，本章节可以得到以下结论。

（1）新加坡旅游宣传语料在词汇使用比东盟总库更丰富，特别是实义动词的使用更丰富，但新加坡更多使用简单一些的词汇。

（2）在新加坡宣传语料中，形容词new，free和fun的使用凸显了新加坡旅游资源的新颖、新奇、有趣之处和优惠信息，以吸引旅游者。

（3）在句法上，新加坡旅游资源宣传偏好使用疑问句和祈使句，前者的提问成功引起了旅游者的注意，后者起到了呼吁、宣传的效果。

（4）第二人称和第一人称视角的交错使用，既让旅游者感受到仿若面对面的交流，又让他们感受到新加坡人的骄傲和自豪。

第五章　扩展圈国家英语变体

缅甸虽然有被英国殖民的历史，但独立后的缅甸有很长一段时间采取的语言政策是努力消除英语的影响。因此，结合Kachru的模型和Kirkpatrick的观点，本书将柬埔寨、老挝、缅甸、泰国、印尼和越南等东盟六国归入扩展圈国家。

第一节　柬埔寨

柬埔寨王国，简称柬埔寨，位于中南半岛南部，国土面积为18.1万平方公里。柬埔寨西南临泰国湾，西北与泰国接壤，东部与越南接壤，东北紧邻老挝。

早在公元前，柬埔寨一带就有人类活动的痕迹。公元2—5世纪，扶南和其后真腊的王朝逐步统一了今天的柬埔寨和越南西南部。公元802年，高棉人开始了吴哥王朝，9世纪—14世纪是当时柬埔寨的鼎盛时期，国力强盛，文化发达，创造了举世闻名的吴哥文明，在公元12世纪吴哥王朝更是一度成为东南亚最大的帝国。大约从13世纪中叶开始，作为首都的吴哥不断遭到暹罗的大城府王国的入侵，并逐步衰落。高棉帝国随后迁都朗维克（Longvek），希望能通过海上贸易重新恢复昔日的辉煌。1594年，朗维克被大城王国入侵和摧毁；1618年，高棉帝国在朗维克南面建立了新的都城，但在接下来的近300年里，高棉帝国不断被暹罗和越南入侵并臣属于它们，中间只有几个相对短暂的独立时期。1863年，柬埔寨沦为法国保护国，成为法属印度支那殖民地的一部分。1941—1945年，日本占领柬埔寨；1945年二战结束日本投降后，柬埔寨再次被法国殖民者占领。1953年11月9日，柬埔寨王国宣布独立。

柬埔寨的人口超过1500万，有20多个民族，其中高棉族为主体民族，占总人口的97%，柬埔寨的少数民族包括越南人、中国人、柬埔寨人以及30个山地部落，佛教在宪法中被奉为国教，有超过97%的人口信奉佛教。

柬埔寨的官方语言为高棉语，属于南亚语系。1863年，柬埔寨沦为法国殖民地时，法语被强制作为官方语言推广，并在柬埔寨开展法语教育。1953年，柬埔寨获得独立后，为了消除法国的殖民影响，柬埔寨政府重新确定了高棉语的国语地位，并在1993 年通过宪法明确规定高棉语为柬埔寨官方语言，高棉文字为柬埔寨官方文字。在柬埔寨取得独立后，法语作为第一外语，仍旧在柬埔寨有着相当广泛的影响，从1953年至1990年，法语是最重要的外语；但随着英语作为国际通用语的普及，柬埔寨政府开始鼓励民众学习英语，英语也逐渐取代了法语成为柬埔寨最重要的外语，与此同时，汉语正作为新兴外语崛起。

从中国—东盟博览会期间柬埔寨国家馆纸质宣传资料、柬埔寨旅游局官方网站等收集到柬埔寨旅游宣传语料共83545词，建成柬埔寨子库（Corpus of Cambodia Tourism Information，CCTI）。

一、柬埔寨子库基本情况

表5-1是柬埔寨子库与东盟总库的基本数据对比，从该表中可以看出：

（1）柬埔寨子库的标准化类符/形符比与东盟总库相比低2.65，该库的平均词长比东盟总库的少0.03，这说明柬埔寨旅游宣传资料在词汇使用的丰富程度上不如东盟十国的旅游宣传资料总库。

（2）柬埔寨子库的平均句长也比东盟总库少0.47词，句长标准差也更小，说明柬埔寨旅游宣传资料语料库里更偏好使用相对较短的句子。

表5-1　柬埔寨子库与东盟总库基本数据比较

语料库	形符数	类符数	类符/形符比	标准化类符/形符比	平均词长	词长标准差	平均句长	句长标准差
柬埔寨子库	83545	9501	4.4.37%	44.21	4.87	2.58	20.43	13.08
东盟总库	1015538	43714	4.30%	46.86	4.90	2.59	20.90	13.30

（一）词长分布

图5-1是柬埔寨子库与东盟总库的词长为1～15字母的词语在各自语料库中的比重分布的统计。从该图可以发现，柬埔寨子库只有在3～5字母词长的词汇使用比重上高于东盟总库，在1字母、12字母、13字母和14字母词长的词汇使用比重上与东盟总库比较接近，而在其他词长的词汇使用比重上明显低于东盟总库，这说明柬埔寨子库使用词汇的难度相对而言比不上东盟总库。

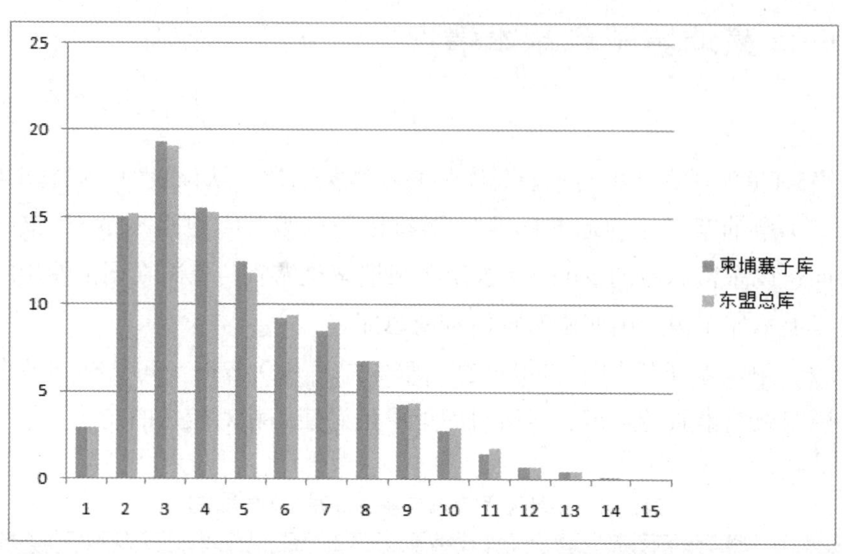

图5-1 柬埔寨子库与东盟总库词长分布

（二）词频比较

表5-2是用AntConc统计出柬埔寨子库中使用频率最高的前50位的词与东盟总库中词频最高的50个单词进行比较。表中灰色部分词汇为两个语料库都有且排名差距小于等于10的词汇，加粗词汇为两个语料库都有但排名差距大于10的词汇，其他则为各语料库特有词汇。

表5-2 柬埔寨子库与东盟总库语料库前50词频对比

柬埔寨子库 词频				东盟总库 词频			
序号	单词	序号	单词	序号	单词	序号	单词
1	the	26	there	1	the	26	can
2	of	27	has	2	of	27	has
3	and	28	penh	3	and	28	which
4	to	29	can	4	to	29	one

续表

柬埔寨子库 词频				东盟总库 词频			
序号	单词	序号	单词	序号	单词	序号	单词
5	in	30	or	5	a	30	there
6	a	31	angkor	6	in	31	**also**
7	is	32	its	7	is	32	province
8	from	33	which	8	for	33	most
9	for	34	kampong	9	from	34	island
10	are	35	king	10	are	35	**their**
11	cambodia	36	one	11	as	36	area
12	phonm	37	**an**	12	with	37	have
13	by	38	**you**	13	on	38	park
14	as	39	national	14	by	39	will
15	at	40	river	15	it	40	all
16	with	41	most	16	at	41	other
17	it	42	**also**	17	that	42	located
18	on	43	area	18	you	43	town
19	that	44	people	19	city	44	**about**
20	temple	45	located	20	was	45	some
21	this	46	siem	21	this	46	river
22	khmer	47	**their**	22	or	47	more
23	province	48	reap	23	its	48	many
24	be	49	**about**	24	an	49	world
25	was	50	town	25	be	50	where

将柬埔寨子库和东盟总库两个语料库中排名前50的词频进行对比发现：（1）两个语料库中排名前50的词语有的重叠率较高，达到76%，这些重

叠词汇有介词、冠词、连词等虚词，也有系动词be的多种形式，以及少数名词、形容词等。

（2）两个语料库中排名前50的词语都包含了4个人称/物主代词，分别是it，its，you和their，但是柬埔寨子库里除了it的使用频率与东盟总库相当，其他几个代词的使用频率都要低于东盟总库。

（3）柬埔寨子库前50里还有15个名词上榜，分别是cambodia，phonm，temple，khmer，province，penh，angkor，kamponge，king，river，area，people，siem，reap和town，名词数量在词频表前50里所占的比重较大。

（4）柬埔寨子库前50里还出现了形容词national，其使用有待后面进一步研究。

（三）主题词表

将东盟总库作为参照语料库，将柬埔寨子库设为观察语料库，通过软件AntConc以对数似然比的方式生成主题词表，表5-3列出了对数似然比检验结果的前20名。

表5-3　以东盟总库词频为参照的柬埔寨子库主题词表前20

排序	K值（主题性）	主题词	排序	K值（主题性）	主题词
1	1320.944	cambodia	11	357.778	preah
2	1256.357	phnom	12	354.399	cambodian
3	688.351	khmer	13	298.654	king
4	630.290	penh	14	262.850	wat
5	594.364	angkor	15	200.359	jayavarman
6	491.218	kampong	16	197.720	tonle
7	427.193	temple	17	190.576	prasat
8	409.805	siem	18	188.945	commune
9	407.271	reap	19	178.755	sap
10	375.162	chhnang	20	167.302	banteay

表5-3的主题词表体现出了柬埔寨子库的鲜明特征。

（1）柬埔寨子库主题词表中有许多主题显著的地名：cambodia（柬埔寨），angkor（吴哥），chhnang（清扬），tonle（洞里），prasat（波拉萨）和banteay（班蒂，柬埔寨语中的堡垒）等。

（2）柬埔寨子库主题词表中还有许多带有明显地域、文化特征的词汇：phonm（柬埔寨语中的“山”），khmer（高棉人），penh（柬埔寨语中的“边”），kampong（部落、小村庄），siem（柬埔寨语中的“先”），cambodian（柬埔寨人），wat（佛教寺或僧院），jayavarman（阇耶跋摩）和sap（柬埔寨语中的“萨”）等，从这些词中可以看到柬埔寨英语的词汇特色。

（3）柬埔寨子库主题词表中还出现了名词temple和king等，可以帮助我们进一步了解柬埔寨的历史和文化。

（四）词簇

为了更好地了解柬埔寨子库中词簇的情况，将词簇长度定为2～6词，最低频数30次，得到柬埔寨子库2～6词的词簇表。表5-4 列出了N元组生成的2～6词词簇表完整语法结构的前20个词簇，其中包括柬埔寨几个著名的景点：phonm penh，siem reap，kampong chhnang，angkor wat和tonle sap等；动词短语有it is，there are，to be和can be等。柬埔寨子库2～6词词簇中出现唯一的1个3词词簇是international check point。

表5-4　N元组生成的2～6词簇表前20

排序	词簇	复现频数	排序	词簇	复现频数
1	phonm penh	243	6	there are	138
2	siem reap	164	7	in cambodia	115
3	of cambodia	162	8	the khmer	112
4	it is	157	9	the country	88
5	kampong chhnang	146	10	angkor wat	79

续表

排序	词簇	复现频数	排序	词簇	复现频数
11	to be	74	16	tonle sap	66
12	check point	73	17	mekong river	64
13	the most	73	18	provincial town	63
14	international check point	70	19	such as	60
15	can be	68	20	royal government	58

（五）实词使用情况

用AntConc的Concordance功能对经过词性标注的柬埔寨子库进行统计，得出了其中形容词、副词、实义动词使用情况排名前10位的词汇。

表5-5 主要词性词频排名前10

形容词	副词	实义动词			
		原形	现在时	第三人称	过去时
类符(1332) 形符(7190)	类符(397) 形符(2664)	类符(519) 形符(1622)	类符(175) 形符(456)	类符(183) 形符(463)	类符(132) 形符(255)
many (158) cambodian (139) other (127) natural (119) local (113) small (91) traditional (88) beautiful (82) such (80) provincial (48)	also (118) not (76) only (60) as (57) about (47) well (47) still (36) all (28) just (28) back (27)	visit (82) take (54) find (46) see (46) get (43) enjoy (33) make (29) go (26) reach (25) come (17)	include (26) do (25) make (19) want (19) go (15) visit (14) believe (13) live (12) stay (12) enjoy / offer / take (10)	offers (23) takes (22) means (21) provides (21) remains (21) contains (19) includes (17) consists (16) lies/serves (15)	said (30) became (27) built (21) came (16) called (14) took (13) did (12) used (11) founded (10)

从表5-5中可以看到，在柬埔寨子库中，形容词small和provincial使用频率要比其他子库出现频率高很多，下文将进一步分析。

二、柬埔寨子库词汇特点

下面将重点研究柬埔寨子库中的一些高频词汇。

（一）形容词

（1）national。形容词national在柬埔寨子库中共出现192次[①]，在词频表中排名39，通过AntConc的Concordance功能进一步检索，发现在柬埔寨子库中national比较多的搭配为national road（出现47次），national park(s)（出现36次），natioanl museum（出现23次），national assembly（出现7次）和national budget（出现7次）等。相较于其他国家的宣传资料，似乎柬埔寨更注重“国家的，国有”的概念。

例5-1-1：And this ceremony is to history about military exercise of our navy force in the course of national defense and to express thanks to the 3 Buddhist symbols Gods and holy thing which helped us and agriculture field and serves as an opportunity to pray for our lord for the happiness and sufficient rain for rice cultivation.

例5-1-2：Khmer food is one of the major national identities that reflect the ways of life, thought, and mind of the Cambodian people which are hidden in the taste of consumption of meat dishes and sweet food.

（2）natural，traditional和beautiful。从形容词排名前10中可以找到natural，traditional和beautiful，从这几个形容词的使用可以看出柬埔寨在旅游宣传的重点有“自然”，如natural attractions，natural beauty，natural resources和natural wonders等；有“传统”，如traditional carving，traditional dance(s)和traditional festival等；有“美景”，如beautiful beaches，beautiful

① 主要词性排名前10里没有national是因为AntConc的词性标注将出现在专有名词里的national一并归为专有名词而不是形容词。

country，beautiful landscape和beautiful scenery等。

例5-1-3：The Osvay area in Stung Treng is rich with natural wonder: its Mekong River islands, river beaches and mangrove forests host local communities as well as endangered animals like the Black Cormorant and Irrawaddy Dolphin.

例5-1-4：Don't forget the local culture: homestay guests will be encouraged to try traditional dances, go boat racing, go fishing with traditional implements, and best of all, try the sticky-rice wine that Stung Treng province is famous for.

例5-1-5：During your stay here, you can also relax on Cambodia's pristine beaches, explore the coral reefs around many of our beautiful islands and trek through lush mangrove forests.

（3）small。柬埔寨的旅游宣传中有许多与"小"有关的表述，如small business，small industries和small cottage等，small这个形容词的使用给读者留下的印象是：柬埔寨很多东西还是原生态的、小规模、自发的，而不像成熟的工业社会那样，许多东西都是大规模的量贩，这无疑是吸引西方游客的一大亮点。

例5-1-6：To see the Mekong River Dolphin in its natural habitat, come to the small village of Kampi in Kratie.

例5-1-7：The sanctuary is full of beautiful cliffs, small waterfalls, streams and sprawling greenery.

（4）Provincial。该词在柬埔寨子库中的搭配以provincial town为主，辅以零星其他的搭配，如provincial coast，provincial park等。provincial town的使用大约与柬埔寨语的表述有关。

例5-1-8：Prasat Kok Rokar is located in Rokar Phum, Srayov Commune, Stung Sen District, Kampong Thom province in a 14-km distance from Provincial Town of Kampong Thom.

例5-1-9：Although it is currently in the process of being upgraded to a provincial park for tourists and local residents, it features some fine crafted sculptures for visitors.

（二）动词

表5-6是柬埔寨子库中实义动词与系动词使用频率的统计。

表5-6　柬埔寨子库实义动词与系动词使用频率

实义动词		系动词	
时态	频率	时态	频率
原形	1622	be	277
现在时	456	am/are	582
第三人称单数	463	is	1437
过去时	255	was/were	378
合计	2796	合计	2674

从表5-6可以看出柬埔寨子库的实义动词的使用与系动词的使用相当，仅是其的1.05倍，这说明相对于其他子库来说，柬埔寨子库使用系动词的频率更多，实义动词使用上并无突出差异。

（三）高频与特有名词

（1）temple。佛教是柬埔寨的国教，因此temple（寺庙）一词在不仅在词频表排列第20位，在主题词表中也凸现出来。通过AntConc的Concordance功能搜索，temple在柬埔寨子库中共出现332次，其中较多的搭配为：the temple, this temple, small temple, ancient temple等表述，另外还有不少寺庙名，如angkor temple，vihear chan temple，bayon temple等。

例5-1-10：This was the only major temple at Angkor not built by a monarch; its construction is credited to a courtier named Yajnavaraha, who was a scholar and philanthropist and a counselor to king Rajendravarman.

例5-1-11：A brick and sandstone temple in poor condition about 10 km from Ta Mao Zoo further along National Route 2.

从例句中也可以看出，佛教文化、寺庙等是柬埔寨旅游的一大特色。

（2）King与Jayavarman。柬埔寨有两千多年的历史，特别是在公元9世纪到15世纪期间的吴哥王朝，更是创造了璀璨的文明。King在柬埔寨子库里共出现了226次，Jayavarman即阇耶跋摩，是吴哥王朝历任几位国王的名号。在柬埔寨子库共出现80次，组合出现较为频繁的有：Jayavarman II（阇耶跋摩二世）、Jayavarman V（阇耶跋摩五世）和Jayavarman VII（阇耶跋摩七世）。其中，阇耶跋摩二世是吴哥王朝的第一位国王；阇耶跋摩五世在位期间完成修建了罗贞陀罗跋摩二世开始建造的有"吴哥艺术之钻"之称的女王宫；阇耶跋摩七世在位期间重建了国都吴哥城，修建了圣剑寺、塔布茏寺和巴戎寺。可见这些历代国王对柬埔寨的历史古迹的建设有着重要的影响，这些影响也体现在柬埔寨子库中。

例5-1-12：Constructed in the 6th century by King Yasovarman I and remodeled later by Suryavarman II, Preah Vihear Temple stands beside a giant cliff on the Danggrek Mountains overlooking the province that bears its name.

例5-1-13：Traditionally, the King Meak, representing the King of Cambodia, ploughs the filed whilst the Queen, the Preah Mehuo, sows seeds from behind.

（3）Sampot。Sampot：音译为"山扑"，属于柬埔寨子库的独有词汇，是一种筒裙，柬埔寨的传统服饰的一种，相当于东盟其他国家的纱笼（Sarong）。

例5-1-14：The Sampot Hol is used as a lower garment and as the sampot chang kben.

例5-1-15：The sampot dates back to the Funan era when a Cambodian king allegedly ordered the people of his kingdom to wear the sampot at the request of Chinese envoys.

三、柬埔寨子库句法特点

（一）第三人称的使用

通过上文的词频比较可以看出在柬埔寨子库里，第三人称代词“it”的使用频率颇高，其他人称代词使用频率则偏低，而表5-4的词簇统计则表明it is和there are结构在柬埔寨子库里复现频率很高，这说明该子库句式多用第三人称。例如：

例5-1-16：It is unclear how long that particular Buddha has been there.

例5-1-17：There are few existing and sustainable agricultural service and intervention providers in the rural areas and the ones which are in operation are mostly donor funded projects.

此外，通过仔细研读柬埔寨子库里的语料发现即使是以人为主语，句子也常常使用第三人称而非第一人称。例如：

例5-1-18：For the people of Cambodia, the Water Festival and Bon Om Touk (The Pirogue Racing Festival) in Phnom Penh is the most magnificent traditional festival.

例5-1-19：Cambodian people viewed him as “the Father of Independence” while the Independence Day was celebrated on 9 November 1953.

（二）现在时的使用

从上文的词频表可以看出，系动词be的一般现在时is的使用频率要高出一般过去时was许多，通过AntConc对该子库进行搜索发现：

表5-7　柬埔寨子库动词时态构成

现在时		过去时	
动词	复现频率	动词	复现频率
is	1437	was	272
are	582	were	106
has	255	had	48
have	159		
实义动词	2986	实义动词	740
合计	5419	合计	1166

从表5-7可以看到，柬埔寨子库在时态使用上以现在时为主，如进一步考察现在时的使用时还可以发现第三人称单数is和has的使用频率远远高于are和have的使用频率。

四、小结

柬埔寨曾为法国殖民地，英语对柬埔寨的影响仅伴随着英语作为国际通用语的地位不断上升而加深，因此柬埔寨属于Kachru分类中的扩展圈国家。在目前收集的语料基础上，本章节可以得出以下结论。

（1）柬埔寨旅游宣传语料在词汇使用方面无论是丰富程度还是复杂性都比不上东盟总库。

（2）在柬埔寨旅游宣传语料中，有不少来自柬埔寨的词汇，可以看到柬埔寨特色文化在柬埔寨英语中的渗透和影响。

（3）在句法上，柬埔寨旅游宣传更偏好第三人称和现在时，给读者形成一种陈述客观事实的印象，起到一定的宣传效果。

第二节　老　挝

老挝人民民主共和国，简称老挝，位于中南半岛北部，是东南亚唯一的内陆国家。老挝东部与越南接壤，东南部紧邻柬埔寨，西部和西南部与泰国接壤，西北与缅甸和中国接壤，国土面积将近23.8万平方公里。

早在公元前4万年前，老挝境内就有原始人类活动。然而，对老挝的历史有据可查的史料只能追溯到公元14世纪。从高棉帝国而来的法昂王子率领高棉军队，一路攻占湄公河流域，最后攻下万象，1353年，法昂王建立澜沧王国（1353—1707年），这是老挝历史上的第一个统一的多民族国家。由于其在东南亚的中心地理位置，澜沧王国成为陆路贸易的枢纽，经济和文化变得富裕。1707至1713年，澜沧王国先后分裂为北部琅勃拉邦、中部万象和南部占巴塞三个王国。1763年至1769年，缅甸军队占领了老挝北部，并吞并了琅勃拉邦，最终这三个王国均沦为暹罗（今泰国）的属国。1893年，法国与暹罗签订《法暹条约》，琅勃拉邦、万象和占巴塞被并入法属印度支那联邦。1940年9月日本占领老挝；二战结束日本战败后，1945年9月，老挝宣布独立。1946年，法国势力卷土重来，老挝又一次成为法国的殖民地；直到1954年，法国在奠边府战役中失败，被迫签署日内瓦协议，承认老挝独立并撤军。在这之后，美国积极在老挝扶植亲美势力，并不断挑起内战，力图控制老挝。1975年12月2日，老挝宣布废除君主制，成立老挝人民民主共和国。

老挝人口约710万，共有50个民族，老龙族、老听族、老松族，按语言分可以分为老泰语族系、孟—高棉语族系、苗—瑶语族系、汉—藏语族系。

老挝的官方语言为老挝语，也称寮语，属汉藏语系壮侗语族壮傣语支。在老挝沦为法国保护国期间，法国殖民者强迫当地居民学习法语，以法语作为老挝的官方语言，所有的政府文件一律用法文，在中小学开设法语课。因此，在老挝独立后，由于法语在老挝几十年的影响，法语仍然是老挝的工作语言和教学媒介语。法军撤离老挝之后，1954年至1975年间，美国入侵和干涉老挝内政，采取了推崇英语的语言政策。一直到1975年12月老挝人民民主共和国成立，第一届老挝全国人民代表大会决定，将老挝语定为老挝的官方语言和教学媒介语。随着老挝的改革开放和全球经济一体化的发展，老挝也越来越重视英语的使用，英语成为老挝和世界联系的主要交际语言。

从中国—东盟博览会期间老挝国家馆纸质宣传资料、老挝旅游局官方网站等收集到老挝旅游宣传语料共65104词，建成老挝子库（Corpus of Laos Tourism Information，CLTI）。

一、老挝子库基本情况

表5-8是老挝子库与东盟总库的基本数据对比，从该表中可以看出：

（1）老挝子库的标准化类符/形符比与东盟总库的非常接近；但是，老挝子库的平均词长比东盟总库的少0.07，这说明老挝旅游宣传资料在词汇使用的丰富程度上虽然与东盟十国的旅游宣传资料总库相当，但老挝子库偏向使用较短、较简单的词汇。

（2）老挝子库的平均句长要比东盟总库多2.48词，句长标准差也更大，说明老挝旅游宣传资料语料库里使用的句子相对较长。

表5-8　老挝子库与东盟总库基本数据比较

语料库	形符数	类符数	类符/形符比	标准化类符/形符比	平均词长	词长标准差	平均句长	句长标准差
老挝子库	65104	7263	4.4.16%	46.88	4.83	2.55	23.38	14.68
东盟总库	1015538	43714	4.30%	46.86	4.90	2.59	20.90	13.30

（一）词长分布

图5-2是老挝子库与东盟总库的词长为1～15字母的词语在各自语料库中的比重分布的统计。从该图可以发现，老挝子库只有在3字母和4字母词长的词汇使用比重上高于东盟总库，特别是3字母词长，比东盟总库足足高出2%；而在其他词长的词汇使用比重上则明显低于东盟总库，结合表5-8的平均词长和词长标准差，说明老挝旅游宣传子库使用3字母词长词汇的情况最多。

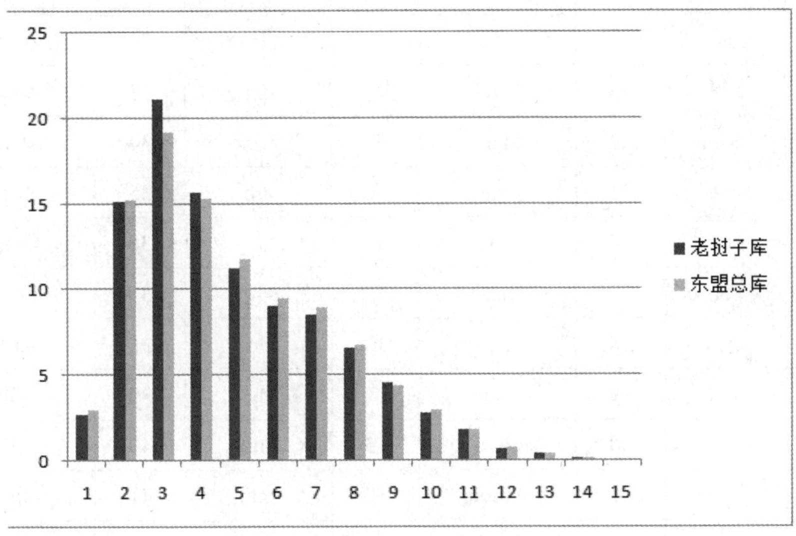

图5–2　老挝子库与东盟总库词长分布

（二）词频比较

表5-9是用AntConc统计出老挝子库中使用频率最高的前50位的词与东盟总库中词频最高的50个单词进行比较。表中灰色部分词汇为两个语料库都有且排名差距小于等于10的词汇，加粗词汇为两个语料库都有但排名差距大于10的词汇，其他则为各语料库特有词汇。

表5-9　老挝子库与东盟总库语料库前50词频对比

老挝子库 词频				东盟总库 词频			
序号	单词	序号	单词	序号	单词	序号	单词
1	the	26	**river**	1	the	26	can
2	and	27	vientiane	2	of	27	**has**
3	of	28	**an**	3	and	28	**which**
4	in	29	mekong	4	to	29	one
5	to	30	luang	5	a	30	there
6	a	31	**area**	6	in	31	also
7	is	32	its	7	is	32	**province**
8	with	33	local	8	for	33	**most**
9	from	34	there	9	from	34	island
10	are	35	one	10	are	35	their
11	for	36	**was**	11	as	36	**area**
12	you	37	**has**	12	with	37	have
13	laos	38	also	13	on	38	park
14	on	39	your	14	by	39	will
15	lao	40	phou	15	it	40	all
16	as	41	**which**	16	at	41	other
17	by	42	capital	17	that	42	located
18	at	43	town	18	you	43	town
19	it	44	people	19	city	44	about
20	can	45	temple	20	**was**	45	some
21	or	46	**most**	21	this	46	**river**
22	**province**	47	prabang	22	or	47	more
23	that	48	located	23	its	48	many
24	this	49	pakse	24	an	49	world
25	be	50	many	25	be	50	where

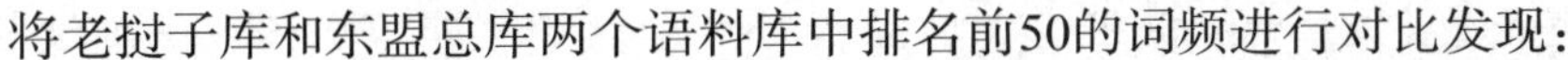

将老挝子库和东盟总库两个语料库中排名前50的词频进行对比发现：

（1）两个语料库中排名前50的词语重叠率有74%，这些重叠词汇多为虚词（介词、冠词、连词等）和系动词be的多种形式，以及少数名词、形容词等。

（2）两个语料库中排名前50的词语都包含了3个人称/物主代词，分别是you，it和its，但是老挝子库里明显you的使用更频繁，而且老挝子库里还多了第二人称的物主代词your；在东盟总库里的第三人称复数物主代词their在老挝子库里并没有进入前50，说明老挝子库里第二人称的使用情况要比第三人称多。

（3）老挝子库前50里还有12个名词上榜，分别是laos，province，vientiane，mekong，luang，phou，capital，town，people，temple，prabang和pakse，名词数量在词频表前50里所占的比重较大。

（4）老挝子库前50里还出现了形容词local，其使用将在下文具体分析。

（三）主题词表

将东盟总库作为参照语料库，将老挝子库设为观察语料库，通过软件AntConc以对数似然比的方式生成主题词表，表5-10列出了对数似然比检验结果的前20名。

表5-10　以东盟总库词频为参照的老挝子库主题词表前20

排序	K值（主题性）	主题词	排序	K值（主题性）	主题词
1	1218.215	laos	8	396.214	pakse
2	1138.320	lao	9	283.716	ban
3	673.205	vientiane	10	268.351	tad
4	599.157	luang	11	245.905	xieng
5	459.732	mekong	12	225.521	vat
6	441.897	phou	13	209.098	champasak
7	424.121	prabang	14	206.122	wat

续表

排序	K值（主题性）	主题词	排序	K值（主题性）	主题词
15	180.510	coffee	18	162.949	bolaven
16	174.800	champasack	19	158.441	nam
17	172.860	ethnic	20	157.410	muang

表5-10的主题词表体现出了老挝子库的鲜明特征。

（1）老挝子库主题词表中有许多主题显著的地名：laos（老挝），vientiane（万象），mekong（湄公），prabang（勃拉邦），pakse（巴色），champasak（占巴塞）和bolaven（布拉万）等。

（2）老挝子库主题词表中还有许多带有明显文化特征的词汇：lao（老挝的），phou（老挝语的"蒲"）和ban（老挝语的"班"）等，从这些词中可以看到老挝语在当地英语中的印记。

（3）老挝子库主题词表中还出现了名词coffee和形容词ethnic等，其用法有待进一步研究。

（四）词簇

为了更好地了解老挝子库中词簇的情况，将词簇长度定为2～6词，最低频数30次，得到老挝子库2～6词的词簇表。表5-11列出了N元组生成的2～6词词簇表完整语法结构的前20个词簇，动词短语有it is，you can，can be和there are等，名词有"the +名词"结构。老挝子库2～6词词簇中出现唯一的1个3词词簇是the mekong river。

表5-11　N元组生成的2～6词簇表前20

排序	词簇	复现频数	排序	词簇	复现频数
1	luang prabang	140	4	can be	116
2	it is	124	5	the province	114
3	you can	121	6	mekong river	100

排序	词簇	复现频数	排序	词簇	复现频数
7	in laos	96	14	the area	54
8	southern laos	84	15	as well	53
9	the mekong river	84	16	part of	53
10	the lao	79	17	such as	50
11	the most	79	18	total area	50
12	the country	74	19	to be	49
13	there are	73	20	you will	49

（五）实词使用情况

将经过词性标注的老挝子库用AntConc的Concordance功能，统计了其中形容词、副词、实义动词使用情况排名前10位的词汇（表5-12）。

表5-12　主要词性词频排名前10

形容词	副词	实义动词			
		原形	现在时	第三人称	过去时
类符(1066) 形符(6286)	类符(304) 形符(2044)	类符(367) 形符(1641)	类符(203) 形符(523)	类符(195) 形符(559)	类符(140) 形符(306)
lao (217) local (173) many (134) ethnic (119) traditional (115) other (107) beautiful (79) ancient (72) natural (69) old (63)	also (159) not (89) as (79) well (72) only (58) still (55) there (53) just (48) here (46) very (45)	see (103) get (81) take (77) visit (69) enjoy (52) do (39) find (37) explore (36) learn (28) make (28)	include (53) do (21) want (17) visit (13) inhabit (12) go (10) make (10) prefer (8) find (7) come / feel / continue / enjoy / gather / provide (6)	takes (31) offers (25) remains (17) includes (16) houses (15) means (15) provides (13) consists (12) covers (12) comes / falls (10)	became (18) called (13) found (8) went (8) began (6) left (6) took (6) established / located / used / moved / remained (5)

从表5-12中可以看到，老挝子库中形容词和副词虽然类符数与文莱、越南和缅甸子库相当，但形符数要高于其他三个子库。

二、老挝子库词汇特点

下面将重点研究老挝子库中使用较为突出的词。

（一）形容词

（1）local。该词在老挝子库中共出现175次，在词频表中排名34，通过AntConc的Concordance功能，发现在老挝子库中local比较多的搭配为local people（出现14次）、local guide(s)（出现12次）、local travel agent(s)（出现11次）、local village(s)（出现7次）local food（出现6次）、local legend(s)（出现6次）、local coffee（出现5次）、local culture（出现5次）和local handicrafts（出现5次）。

例5-2-1：There are now a number of specialised travel companies and local community groups offering organised adventure tours in previously remote reaches.

例5-2-2：Immerse yourself in the local pace of life, cycle through the traditional fishing villages or walk through rice paddies and explore the stunning waterfalls.

（2）ethnic。老挝是一个多民族国家，共有三大族系68个民族。因此，形容词ethnic在主题词表中凸现出来。通过AntConc的Concordance功能，发现在老挝子库中ethnic共出现119次，其中较多的搭配为：ethnic group(s)（出现59次）、ethnic minority/minorities（出现14次）、ethnic village(s)（出现10次）。

例5-2-3：You can also visit the ethnic Lavae model village nearby where you can discover housing styles from different ethnic groups and see handicrafts in the making.

例5-2-4：The early morning market is a great place to see ethnic minorities, who come to sell their product.

从例句中也可以看出，少数民族文化是老挝旅游主推的一大特色。

（3）traditional, beautiful, natural, ancient和old。这几个形容词在老挝子库里都进入排名前10，可以看出老挝在旅游宣传时的侧重点也是“传统”“古老”和“自然”。其中，与越南子库一样，old一词也进入前10，说明老挝以其悠久历史的古迹为荣。

例5-2-5：Here you can see the traditional way of life in the community house, which displays some of their culture and artifacts.

例5-2-6：While you visit the island, you can walk through rice fields, see vegetable gardens and stand on beautiful sandy river beaches.

例5-2-7：The natural environment of Southern Laos can be split into three main geographic sub-regions: the Plains of the Mekong River, the Highlands known as the Bolaven Plateau, and the Xe Khampo Wetlands.

例5-2-8：Today there are a number of villages as well as other ancient monuments along the road, and bushes and trees have grown on it.

例5-2-9：Explore the ruins of centuries-old temples half shrouded in jungles, and the surviving relics of French colonialism.

例5-2-10：The old monastery stands intact in its original form and is certainly one of the most interesting in the country.

（二）动词

表5-13是老挝子库中实义动词与系动词使用频率的统计。

表5-13　老挝子库实义动词与系动词使用频率

实义动词		系动词	
时态	频率	时态	频率
原形	1641	be	254
现在时	523	am/are	484
第三人称单数	559	is	1063
过去时	306	was/were	209
合计	3029	合计	2010

同样，老挝子库的实义动词的使用也多于系动词的使用，是其1.51倍。

从表5-12主要词性词频排名前10中可以看到，在老挝子库中explore和houses是相较于其他子库使用频率较高的两个动词。

（1）explore。老挝很多景色属于自然景观，强调的就是天然、无过多人工介入的痕迹，因此，在老挝的旅游宣传资料里常用explore表示“探索、探险”，激起旅行者猎奇的心理。

例5-2-11：Motorized boat trips on the Namtha River are a popular activity, as is simply renting a bicycle to explore the lush countryside and rice fields surrounding the town.

例5-2-12：You can explore the mountain range in other ways too—from scaling the via ferrata to going canyoning in the waterfall.

（2）houses。该词作为动词的用法在菲律宾子库中有所提及，在老挝子库中也有不少类似的用法。

例5-2-13：The ground floor houses a mixture of ancient items such as dinosaur bones, pottery shards, and Khmer sculptures that sketch the early history of the region.

例5-2-14：Vat Phabath, located on the road between Vientiane and Paksan is an important pilgrimages site and sacred temple that houses a shrine containing a giant footprint of the Lord Budda (phabat).

（三）特色名词

（1）temple。佛教是老挝的主要宗教，老挝的男性几乎都曾经在寺庙做过沙弥，因此，temple在老挝子库中的出现频率非常频繁，搭配有：ancient temple，Buddhist temple，Wat Phou Temple和the temple等。

例5-2-15：Old Xieng Khouang Town, now known as Muong Khoun was the center of a former Tai Phuan Kingdom and boasts many centuries old pagodas and Buddhist temples.

例5-2-16：Muang Ngeun's old Tai Lue style temples include Vat Ban Khon with its unique natural fiber murals and decorations, and Vat Salibun Nyeun with its charming view of the town.

（2）coffee。该词在主题词表中进入前20也属于比较少见的情况，这说明相对于其他产业来说，咖啡在老挝也有着重要位置。通过AntConc的Concordance功能，发现在老挝子库中coffee共出现99次，比较多的搭配为：coffee plantation(s)（出现17次），coffee production（出现6次），tea and coffee / coffee and tea（出现10次），从这些搭配中可以看出咖啡种植和生产是老挝的一个重要经济来源，也因此衍生了coffee tour和coffee tourism industry。

例5-2-17：He offers a two-hour coffee tour, or a specialty five-hour, hands-on workshop for baristas and coffee lovers, including coffee roasting!

例5-2-18：This is one activity that everyone is sure to enjoy – tastings from the best coffee plantations in Laos, right next to the Tad Fane waterfall in the jungle of Dong Hua Sao.

（3）Songthaew。该词有时也写作"songtaeow"，中文译为"双条车"，是老挝、泰国等国的当地短途交通工具的名称。

例5-2-19：You can travel by a songthaew (local bus) that leaves Pakse from the Southern Bus Station at km 8 daily.

例5-2-20：There is daily bus service from Vientiane to all major provincial capitals and local buses and songtaeow available to more remote districts and villages with road access.

三、老挝子库句法特点

与前面分析的子库相比，老挝子库更喜欢从第二人称的视角来进行旅游推介。

（一）第二人称的使用

在上文的词频对比中发现，老挝子库里明显you的使用比东盟总库更频繁，说明老挝子库多用第二人称。例如：

例5-2-21：If you are interested in staying in a simple bamboo forest camp, try the Nam Ha Forest Camp in Luang Namtha's Nam Ha National Protected Area.

例5-2-22：In a land rich in history and ethnic culture, you may appreciate a quick trip back to the present day with the celebration of modern art.

（二）长句的使用

在上文中已经发现老挝子库偏好用长句，长句在实质上是包含了复杂的修饰成分或并列句。例如：

例5-2-23：Kayak along the Mekong to spot the rare and endangered Irrawaddy Dolphins, or simply relax in a hammock while watching local fishermen artistically throw their nets out during the magical sunsets that occur most evenings in this part of the world.（41词）

例5-2-24：If you wander around a little, you'll soon discover old French Colonial Buildings, a Vietnamese quarter, Buddhist and Chinese temples and an old Catholic church, or you can sit and have a freshly brewed Bolaven Coffee or Lao tea while watching people and life go by.（46词）

四、小结

老挝虽然在历史上曾经受到美国干政，推行了英语，但在那之前是法国在老挝几十年的殖民影响，推行法语，因此老挝在本质上还是属于Kachru分类中的扩展圈国家。在目前收集的语料基础上，本章节可以得到以下结论：

（1）老挝子库在词汇使用的丰富程度上与东盟总库相当，但老挝子库使用的词汇偏短、词汇难度较低。

（2）从词频使用上可以看出老挝的旅游特色，如咖啡旅游、佛教文化等特点，特别是temple，buddha之类的词汇使用，体现了佛教文化在老挝的影响。

（3）老挝旅游宣传语料多用长句，更倾向于从第二人称出发，形成与旅游者面对面有效交流的效果。

第三节 缅 甸

缅甸联邦共和国，简称缅甸，位于中南半岛的西部，东南亚大陆最大的国家。缅甸西北与孟加拉国和印度接壤，东北与中国相邻，东部和东南部与老挝和泰国接壤，南部和西南部是安达曼海和孟加拉湾，海岸线长达2655公里，旅游资源丰富。

早在几十万年前，缅甸地区就有人类生活的痕迹，此后逐渐发展成为零星的定居点，直到1044年左右，阿奴律陀国王（King Anawrahta）建立了蒲甘王朝，第一次统一了伊洛瓦底河谷及其周边地区，是缅甸第一个统一的帝国。在蒲甘王朝之后数百年，经历了大大小小的入侵和战争，缅甸地区又先后迎来了东坞和贡榜两个封建王朝的统治。18世纪，西方列强在世界范围内不断扩展的时期，英缅战争断断续续持续几十年，英国逐步控制了缅甸大部分地区，并随着1886年1月1日曼德勒的沦陷，整个缅甸沦为英国的保护国；1937年4月，缅甸成为英国单独管理的殖民地。第二次世界大战期间，缅甸一度落入日本的控制之中；1945年，二战结束日本战败后，缅甸又重新被英国控制。1947年，众掸邦、克钦邦、钦邦及缅甸本部签署《彬龙协议》，联合向英国争取独立；1948年1月缅甸脱离英联邦宣布独立，成立缅甸联邦。

缅甸是一个多民族、多语言的国家，获得缅甸政府承认的民族有135个，在将近5500万人口中，68%为缅族，主要的法定少数民族为掸族、克伦族、孟族、克钦族、克伦尼族、钦族和若开族。

缅甸的官方语言是缅语。缅甸曾一度沦为英国的殖民地，当时，英语作为官方语言在缅甸通用。这种情况一直延续到1948年缅甸宣布独立并成立缅甸联邦，才通过宪法将缅语确立为官方语言，同时作为学校的教学媒介语。但英国在缅甸几十年的殖民统治使得英语在缅甸有较为明显的影响。因此，为了消除曾经的英国殖民统治对缅甸的影响，小学曾一度取消英语课，直到20世纪80年代，随着全球经济往来逐渐密切，英语再次受到重视，被定为必修课，以提高全民英语水平。

从中国—东盟博览会期间缅甸国家馆纸质宣传资料、缅甸旅游局官方网站和缅甸大使馆官方网站等收集到缅甸旅游宣传语料共53912词，建成缅甸子库（Corpus of Myanmar Tourism Information，CMTI）。

一、缅甸子库基本情况

表5-14是缅甸子库与东盟总库的基本数据对比，从该表可以发现：（1）缅甸子库的标准化类符/形符比比东盟总库低0.57；另外，缅甸子库的平均词长也比东盟总库的少0.06，这说明缅甸旅游宣传资料在词汇使用上的丰富程度逊于东盟十国的旅游宣传资料总库。（2）缅甸子库的平均句长要比东盟总库低0.72词，句长标准差也低了0.99，这说明缅甸旅游宣传资料语料库里使用短句的情况更多。

表5-14　缅甸子库与东盟总库基本数据比较

语料库	形符数	类符数	类符/形符比	标准化类符/形符比	平均词长	词长标准差	平均句长	句长标准差
缅甸子库	53912	7161	4.5.28%	44.6.29	4.84	2.52	20.18	12.31
东盟总库	1015538	43714	4.30%	46.86	4.90	2.59	20.90	13.30

（一）词长分布

图5-3是缅甸子库与东盟总库的词长为1～15字母的词语在各自语料库中的比重分布的统计。从该图可以发现，缅甸子库在1字母和4～7字母词长的词汇使用比重上都明显高于东盟总库，而在其他词长的词汇使用比重上则明显低于东盟总库，结合表5-14的平均词长和词长标准差，进一步说明缅甸旅游宣传子库在词汇使用丰富程度上略逊于东盟十国的旅游宣传资料总库。

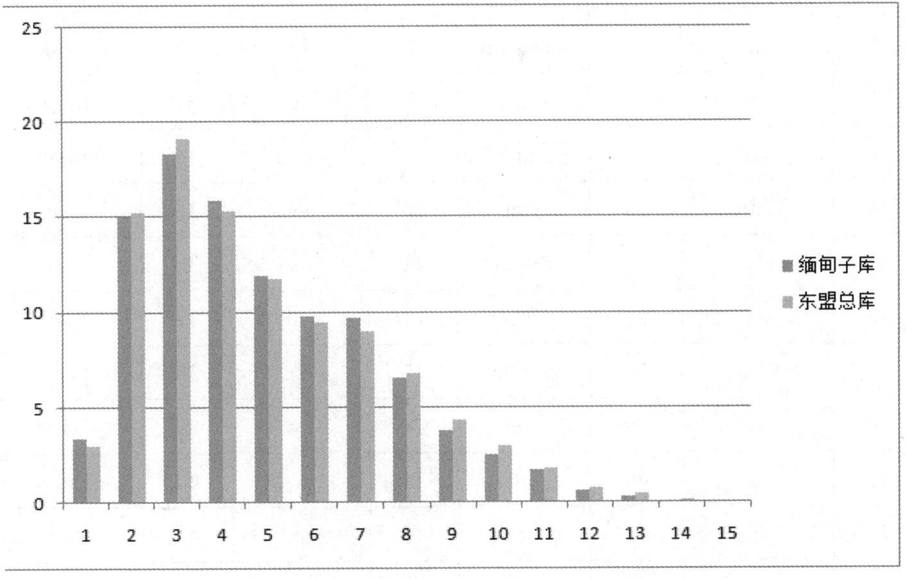

图5-3　缅甸子库与东盟总库词长分布

（二）词频比较

表5-15是利用AntConc软件统计得出的缅甸子库中使用频率最高的前50位的词与东盟总库中词频最高的50个单词的列表。表中灰色部分词汇为两个语料库中都有且排名差距小于等于10的词汇，加粗词汇为两个语料库都有但排名差距大于10的词汇，其他则为各语料库特有词汇。

表5-15　缅甸子库与东盟总库语料库前50词频对比

缅甸子库 词频				东盟总库 词频			
序号	单词	序号	单词	序号	单词	序号	单词
1	the	26	their	1	the	26	can
2	and	27	can	2	of	27	**has**
3	of	28	one	3	and	28	which
4	to	29	**that**	4	to	29	one
5	in	30	most	5	a	30	**there**
6	a	31	its	6	in	31	also
7	is	32	mandalay	7	is	32	province
8	myanmar	33	water	8	for	33	most
9	for	34	which	9	from	34	island
10	with	35	**you**	10	are	35	their
11	are	36	bagan	11	as	36	area
12	on	37	also	12	with	37	have
13	from	38	people	13	on	38	park
14	by	39	over	14	by	39	will
15	as	40	full	15	it	40	all
16	it	41	country	16	at	41	other
17	festival	42	moon	17	**that**	42	located

续表

缅甸子库 词频				东盟总库 词频			
序号	单词	序号	单词	序号	单词	序号	单词
18	pagoda	43	all	18	**you**	43	town
19	at	44	state	19	city	44	about
20	this	45	**has**	20	was	45	some
21	day	46	**there**	21	this	46	river
22	or	47	many	22	or	47	more
23	yangon	48	shan	23	its	48	many
24	an	49	lake	24	an	49	world
25	be	50	fish	25	be	50	where

将缅甸子库和东盟总库两个语料库中排名前50的词频进行对比发现：

（1）两个语料库中排名前50的词语有的重叠率只有66%，这些重叠词汇多为虚词（介词、冠词、连词等）和系动词be、个别形容词和副词等。

（2）两个语料库中排名前50的词语都包含了4个人称/物主代词，都是it，their，its和you，但是在缅甸子库里明显their的使用更频繁，而you的使用相对东盟总库较少。

（3）缅甸子库前50里还有15个名词上榜，分别是myanmar，festival，pagoda，day，yangon，mandalay，water，bagan，people，country，moon，state，shan，lake和fish，名词在词频表前50里所占的比重较大。

（4）缅甸子库前50里还出现了形容词full，其使用将在下文分析。

（三）主题词表

将东盟总库作为参照语料库，将缅甸子库设为观察语料库，通过软件AntConc以对数似然比的方式生成主题词表，表5-16列出了对数似然比检验结果的前20名。

表5-16 以东盟总库词频为参照的缅甸子库主题词表前20

排序	K值（主题性）	主题词	排序	K值（主题性）	主题词
1	1902.331	myanmar	11	162.143	pagodas
2	673.916	pagoda	12	156.207	state
3	546.446	yangon	13	155.337	golden
4	387.583	bagan	14	152.415	duration
5	351.006	festival	15	151.779	inle
6	315.505	shan	16	150.691	buddha
7	298.932	moon	17	143.520	waxing
8	179.299	full	18	140.610	pounded
9	172.307	miles	19	128.683	tbs
10	164.948	shwe	20	126.168	oo

表5-16的主题词表体现出了缅甸子库的鲜明特征。

（1）缅甸子库主题词表中有许多主题显著的地名：myanmar（缅甸），yangon（仰光），bagan（蒲甘），shwe（缅甸瑞），inle（茵莱）等。

（2）缅甸子库主题词表中还有许多带有明显文化特征的词汇：pagodas（佛塔），festival（节日），buddha（佛陀）和oo（缅语中的“吴”）等，从这些词中可以看到缅甸的文化特点。

（3）缅甸子库主题词表中还出现了名词moon，state和duration等。

（4）缅甸子库主题词表中还出现了形容词full和waxing（渐盈）。

（5）缅甸子库的旅游宣传包括了对缅甸特色美食的宣传，因此在主题词表中可以看到pounded（“压碎、碾碎”的过去式）和tbs（汤匙）。

（四）词簇

为了更好地了解缅甸子库中词簇的情况，将词簇长度定为2～6词，最低频数30次，得到缅甸子库2～6词的词簇表。表5-17列出了N元组生成的2～6词词簇表完整语法结构的前20个词簇，缅甸子库2～6词词簇中三次出现full moon，唯一的一个3词词簇是full moon day，而唯一的一个4词词簇是the full moon day。

表5-17 N元组生成的2～6词簇表前20

排序	词簇	复现频数	排序	词簇	复现频数
1	it is	139	11	shan state	50
2	full moon	105	12	such as	43
3	full moon day	98	13	the festival	43
4	in myanmar	92	14	the full moon	42
5	the country	81	15	inle lake	41
6	pagoda festival	80	16	the full moon day	40
7	the most	76	17	the city	37
8	there are	59	18	the pagoda	36
9	the world	58	19	a few	34
10	can be	57	20	by car	31

（五）实词使用情况

将经过词性标注的缅甸子库用AntConc的Concordance功能，统计了其中形容词、副词、实义动词使用情况排名前10位的词汇（表5-18）。

表5-18 主要词性词频排名前10

形容词	副词	实义动词			
		原形	现在时	第三人称	过去时
类符(1083) 形符(4819)	类符(300) 形符(1513)	类符(395) 形符(1263)	类符(175) 形符(456)	类符(183) 形符(463)	类符(132) 形符(255)
many (100) other (84) local (80) traditional (80) famous (74) natural (59) full (52) such (50) beautiful (49) ancient (48)	also (118) not (76) only (60) as (57) about (47) well (47) still (36) all (28) just (28) back (27)	take (43) add (42) enjoy (41) travel (35) make (34) visit (28) cook (27) see (25) conserve (22) explore (20)	include (29) live (21) do (15) take (15) make (14) offer (14) come (12) go (11) sprinkle (9) enjoy (8)	offers (24) begins (18) lies (16) takes (16) remains (13) makes (12) provides (11) attracts / contains / houses (9)	pounded (11) called (9) dried (8) came (6) held (6) sliced (6) became (5) topped (5) founded / left / lived / said / opened / ruled / set / returned / roasted (4)

从表5-18中可以看到，缅甸子库中动词表过去的词汇多与美食有关，具体见下文分析。

二、缅甸子库词汇特点

下面将重点研究基于缅甸子库基本数据观察到的一些词汇特征。

（一）形容词

（1）full。无论是在东盟总库还是各国子库中，词频表前50里出现以虚词居多，如介词、冠词等，名词也有一些，例如在各国子库里的国名、地名等，但形容词不多。在缅甸子库中，形容词full出现了115次，处词频表第40位。经过进一步通过AntConc的Concordance功能搜索发现在缅甸子库中full和moon常常一起出现，共103次。在表5-17的词簇表前20里，full moon共出现了三次，其中包括1个3词词簇和1个4词词簇。这说明full moon这个词组属于缅甸子库中的常见搭配，由此可以看出月亮，特别是“满月”在缅甸文化里有非常重要的意义。缅甸几个重要节日都是在缅历的月圆之夜，包括：缅甸的浴佛节①（缅历2月的月盈日）、德丁卒点灯节②（缅历7月的月圆之夜）、达桑岱点灯节③（缅历8月的月圆之夜）。

---

① 也叫浴榕节，是释迦牟尼前世接受燃灯佛预言启示、悉达多出生、受四谛成佛、涅槃和菩提树出土的日子。每到这个时候，人们都要去佛塔礼拜，给菩提树浇水、浴佛。

② 该节是为了迎接为众神讲经3个月的佛祖释迦牟尼，在缅历4月15日至7月15日佛祖讲经期间，所有僧侣要安居，到缅历7月月圆的时候，释迦牟尼在众神的簇拥之下回到人间，缅甸人民点上各种彩灯和蜡烛迎接。因这一天也是僧侣们解除安居的日子，该节又称“解夏节”。

③ 在缅历8月的“月圆日”，家家户户要点灯迎神，举办各种庆祝活动，因此又称“光明节”。

例5-3-1：Ananda Temple Festival, Bagan, one of the biggest festivals in the country, begins seven days before the full moon day of the lunar month of Pyatho.

例5-3-2：Of special interest is the full moon day ritual of offering filled alms bowls to hundreds of monks and novices.

（2）traditional, natural, beautiful和ancient。这四个形容词在缅甸子库中排名靠前，由此也可以看出缅甸子库在旅游宣传时强调“传统”“古老”与“自然”的美景。例如：

例5-3-3：The Chin make hand-woven cotton and silk in traditional designs and colours, which have become popular collectors' items.

例5-3-4：Inle Lake lies in the cool, green hills of Shan State, an area of outstanding natural beauty and cultural diversity.

例5-3-5：Visit a local lacquerware factory to see how skilled artisans create the beautiful objects seen in souvenir shops throughout Myanmar.

例5-3-6：From its headwaters in the Himalaya Mountains, it runs the entire length of the country, passing through thick jungles and towering gorges, and into the very heart of Myanmar's civilisation, ancient and modern.

（二）动词

表5-19是缅甸子库中实义动词与系动词使用频率的统计。同样，缅甸子库的实义动词的使用也多于系动词的使用，是其1.53倍。

表5-19　缅甸子库实义动词与系动词使用频率

实义动词		系动词	
时态	频率	时态	频率
原形	1263	be	16085
现在时	456	am/are	424
第三人称单数	463	is	922
过去时	255	was/were	86
合计	2437	合计	1592

在表5-18 主要词性词频排名中，有几个在其他子库不常见的动词凸显出来，它们是cook，conserve，pounded和sprinkle。

（1）cook。cook在缅甸子库中选取的就是大家所熟知的“烹煮”之义，因为缅甸的旅游宣传资料中对美食似乎情有独钟，因此，介绍中常常伴有美食，甚至是食谱的描述。

例5-3-7：The followings are the ingredients to cook chicken curry in Myanmar Style.

例5-3-8：Sometimes, it is also delicious to cook the eggplant with coconut milk.

（2）conserve。conserve一词表示“保护”，在缅甸子库中发现，许多旅游资源来自缅甸的国家公园、野生动物保护区等，这与上述形容词部分凸显的自然不谋而合，也说明缅甸非常注重对自然资源、野生动植物的保护工作。

例5-3-9：To preserve the forest area of popa Mountain and to conserve the unique dry zone ecosystem and biodiversity with various plants and wildlife species.

例5-3-10：To conserve the“Than-dahat”forest which is part of the Dry Zone Ecosystem and natural habitat of Shwethamin.

（3）pounded。pounded表示“捣碎”，与cook一样，pounded在缅甸子库中主要用于美食场景。

例5-3-11：Put in a bowl the grated mangoes, sliced onions, roasted sesame and pounded dried prawns, sprinkle fish sauce (to taste) and mix thoroughly.

例5-3-12：If dried shrimps pounded to powder to make 1/8 cup is added, the whole tastes better.

（4）sprinkle。sprinkle一词表示“撒”“洒”，或是“零星分布”。前者的使用依然是美食场景，如例5-3-13，但在缅甸子库中也有个别场景取了第二个语义的用法，如例5-3-14。

例5-3-13：Some sprinkle a few buds of jasmine on the water for decorative purposes and to lend some added fragrance as well.

例5-3-14：The Yangon Golf Club (YGC) is the oldest of seven courses

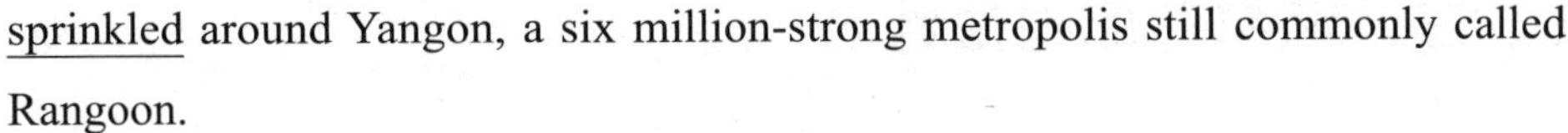

sprinkled around Yangon, a six million-strong metropolis still commonly called Rangoon.

（三）佛教词汇

佛教是缅甸的国教，在缅甸，大约有近90%的人信仰佛教，因此，佛教文化在缅甸有着举足轻重的影响，这样的影响也体现在旅游宣传资料里。

Buddha：佛陀

例5-3-15：Lotus silk scarves are often dyed the saffron color of monk robes and are used to drape Buddha statues on special occasions.

例5-3-16：The task of carrying sacred Buddha images on a barge from village to village around the lake lasts 18 days.

Pagoda：佛塔

例5-3-17：According to legend, the pagoda was built 2500 years ago and was enshrined with hair relics of the Buddha.

例5-3-18：December 31 is celebrated at Kyaikhtiyo Pagoda (Golden Rock) with devotees lighting thousands of candles at the shrine in the evening.

（四）美食词汇

在缅甸子库里，缅甸的美食也是宣传的一个重要内容，因此也有不少美食相关词汇，名词有chicken，fish，tbs (teaspoons)，动词有上述提到的cook，pounded和sprinkle外，还有dried等。从美食介绍到制作，一应俱全。例如：

例5-3-19：Here is a simple chicken salad to serve three or four persons.

例5-3-20：Take dried chili, roasted and pounded to make 3 tsp.

三、缅甸子库句法特点

通过词簇表和词频统计，发现缅甸子库中多用“it is...”结构和第三人称。

（一）it is结构

通过词簇表发现在缅甸子库中“it is...”的结构使用最多，复现频率为139，于是利用AntConc的Concordance功能查看缅甸子库中“it is...”的主要用法。

（1）It is +（冠词+）名词

例5-3-21：It is a grateful stimulant, expectorant and valuable for dyspepsia and throat troubles.

例5-3-22：It is the nearest town to the base camp for climbing Mt. Khakhaborazi (5889 metres) which is the highest Mountain in Southeast Asia.

（2）It is +动词过去分词

例5-3-23：When it is judged that the sandalwood and beeswax have burned out remove pot and immediately put in the cooked rice and pour drinking water to cover the rice.

例5-3-24：Now it is played not only as part of entertainment programs, but also as a stand-alone leisure activity.

（3）It is +形容词

例5-3-25：It is cool the whole year round and there are many varieties of citrus fruits grown in the orchards.

例5-3-26：It is related to similar games in Southeast Asia known as Takraw in Thailand, Sepak Raga in Malaysia, Singapore and Indonesia, Sipa in the Philippines, Kator in Laos and Da Cau in Viet Nam.

（二）第三人称

在上文的词频对比中发现，缅甸子库里明显their的使用比东盟总库更频繁，说明缅甸子库多用第三人称。例如：

例5-3-27：Skilled boaTIen and fishermen, the Intha, are famous for their unique style of rowing in which they stand on one leg while using the other leg to push the oar through the water.

例5-3-28：Most tourists will spend two to three days in Bagan, exploring the stupas and pagodas and their interesting architectural details.

四、小结

缅甸虽然在历史上曾经沦为英国殖民地，但缅甸独立后缅甸政府努力消除英语的影响，所以英语在缅甸的再次普及也是近几十年的事情。基于现有语料基础上，本章节可以得到以下结论。

（1）缅甸子库的标准化类符/形符比和平均词长都比东盟总库略低，说明缅甸子库在旅游宣传语料中词汇使用的丰富程度和难度都略逊于东盟总库。

（2）缅甸子库体现了缅甸鲜明的特点，缅甸的国教——佛教的文化在缅甸宣传语料中占据重要地位。此外，介绍缅甸的美食也是吸引游客的一个主要方法和途径。

（3）缅甸旅游宣传语料偏好用第三人称、客观角度来介绍缅甸。

第四节　泰　国

泰王国，简称泰国，是东南亚的一个君主立宪制国家。泰国位于中南半岛腹地，北部与缅甸接壤，东北部与老挝相邻，东南紧邻柬埔寨，南部和马来西亚相连，西邻泰国湾，南临达曼海。

大约从两万年前开始，现在的泰国地区就一直有人类居住。11世纪开始，泰人开始迁移到现在的泰国，当时孟族人和高棉人占领的地区，因此，泰国文化受到了印度、孟族和高棉文化的影响。到公元1238年，素可泰王国建立，这是当时形成的一个较为统一的国家；1292年，兰纳王国在清迈建立；同样在11世纪，大城府地区建立了一个联邦，这就是后来的大城府王国。15世纪末之前，大城府王国三次入侵高棉帝国，洗劫了首都吴哥，消灭了吴哥王国，后来又吞并了素可泰王国，成为该地区的一个大国。1767年大城府王国被缅甸贡榜王朝所灭。1769—1782年这13年间是吞武里王朝短暂的统治时间，该王朝得名于都城吞武里。1782年，延续至今的曼谷王朝建立。16世纪开始，葡萄牙、荷兰、英国、法国等西方殖民主义者都试图入侵泰国，1896年英法签订条约，将暹罗定为英属缅甸和法属印度支那之间的缓冲国，暹罗因此成为东南亚唯一没有沦为殖民地的国家。1932年6月，民党发动政变，改君主专制为君主立宪制，1949年正式定名泰国。

泰人是泰国的主要人种，占全国人口的75%，根据分布地区和方言的不同，可分为中部泰人、东北部泰人、北部泰人和南部泰人等。在泰华人约有900万，占全国人口的14%，是除泰人之外最大的族群。在泰马来人约有200万，其中100万聚居在泰国最南端的四府：北大年、也拉、陶公和沙敦（约占当地人口的70%）。泰国境内的高棉人可分为两类：古老居民和新近移民，主要分布在与老挝和柬埔寨接壤的泰国东北部和东南部几府。

泰国是一个多民族、多语言的国家，拥有近7000万人口，共30多个民族，泰族为主要民族，占人口总数的86%，按照分布地区和方言可分为中部泰人、东北部泰人、北部泰人和南部泰人；除此以外，还有华族（华人）、马来族、高棉族、苗族、瑶族、桂族、汶族、克伦族、掸族、塞芒族、沙盖族、孟族等。

泰国的官方语言是泰语，因为泰国早期曾实行语言同化政策，当时的暹罗政府规定使用统一的语言进行教育以促进民族团结与融合，同时，泰国是东盟国家中唯一没有遭受过殖民的国家，也因此成为亚洲实行单一语言政策比较成功的国家。然而，在全球化背景下，泰国作为东南亚旅游胜地和贸易大国，英语在泰国的重要性也日益凸显，20世纪90年代初泰国实行英泰沉浸式双语教育，英语是必修外语。同时，泰国政府逐渐认识到多元文化的重要性,1997年提出“多元化”的概念，并开始制定新的国家语言政策。2010年，泰国皇家学会起草了一项新的国家语言政策，重申泰语作为国语的地位，同时呼吁加强对英语、汉语以及少数民族语言的重视。

泰国子库（Corpus of Thailand Tourism Information，CTTI）的文本主要源于泰国旅游局的官方网站、东盟旅游网的官方网站和东盟博览会期间泰国国家馆提供的宣传活页，共10万词。

一、泰国子库基本情况

表5-20是泰国子库与东盟总库的基本数据，从该表中可以看出：（1）泰国子库的标准化类符/形符比比东盟总库的低了将近5，相较于其他子库来说，这个差距比较大，说明泰国旅游宣传资料在词汇使用上的丰富程度要远远低于东盟十国的旅游宣传资料总库。（2）泰国子库的平均词长和词长标准差略高于东盟总库。（3）泰国子库的平均句长却比东盟总库高很多，多了2.74，句长标准差也更大，说明相对东盟十国的旅游宣传资料总库而言，泰国旅游宣传资料语料库使用长句的情况更多。

表5-20　泰国子库与东盟总库基本数据比较

语料库	形符数	类符数	类符/形符比	标准化类符/形符比	平均词长	词长标准差	平均句长	句长标准差
泰国子库	100062	8180	8.17%	41.54	4.96	2.64	23.64	12.88
东盟总库	1015538	43714	4.30%	46.86	4.90	2.59	20.90	13.30

（一）词长分布

图5-4是泰国子库与东盟总库的词长为1～15字母的词语在各自语料库中的比重分布的统计。

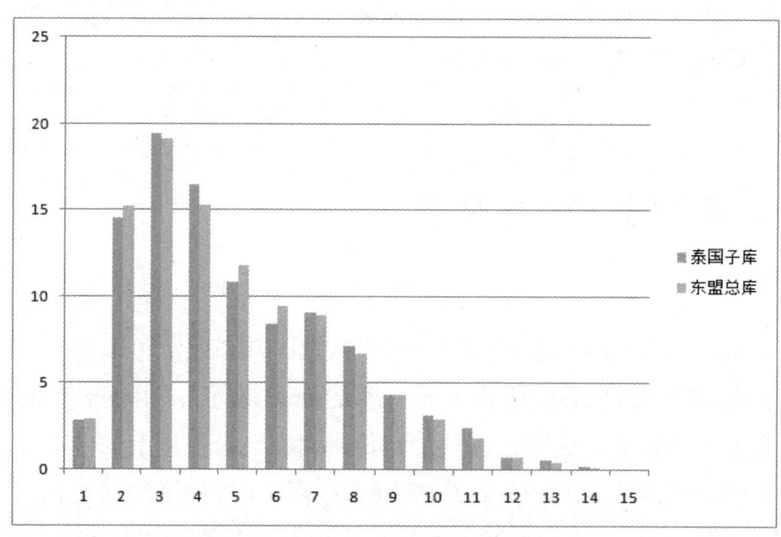

图5-4　泰国子库与东盟总库词长分布

从该图可以发现，泰国子库在3字母、4字母和7～11字母、13～14字母词长的词汇使用比重上高于东盟总库，而东盟总库在1字母、2字母、5字母和6字母词长的词汇使用上则高于泰国子库，这说明相较于东盟总库而言，泰国子库使用了更多难度较高的词汇。

（二）词频比较

表5-21是用AntConc统计出泰国子库中使用频率最高的前50位的词与东盟总库中词频最高的50个单词进行比较。表中灰色部分词汇为两个语料库都有且排名差距小于等于10的词汇，加粗词汇为两个语料库都有但排名差距大于10的词汇，其他则为各语料库特有词汇。

表5-21　泰国子库与东盟总库前50词频对比

印尼子库 词频				东盟总库 词频			
序号	单词	序号	单词	序号	单词	序号	单词
1	the	26	this	1	the	26	can
2	and	27	**some**	2	of	27	has
3	of	28	an	3	and	28	**which**
4	a	29	or	4	to	29	one
5	to	30	be	5	a	30	**there**
6	in	31	**its**	6	in	31	**also**
7	is	32	**by**	7	is	32	**province**
8	are	33	attractions	8	for	33	**most**
9	for	34	will	9	from	34	island
10	as	35	including	10	are	35	their
11	on	36	many	11	as	36	area
12	that	37	one	12	with	37	have
13	from	38	have	13	on	38	park
14	with	39	koh	14	**by**	39	will
15	**most**	40	restaurants	15	it	40	all
16	thailand	41	more	16	at	41	other
17	you	42	**which**	17	that	42	located

续表

印尼子库 词频				东盟总库 词频			
序号	单词	序号	单词	序号	单词	序号	单词
18	has	43	**city**	18	you	43	town
19	**there**	44	bangkok	19	**city**	44	about
20	can	45	**was**	20	**was**	45	**some**
21	**province**	46	features	21	this	46	river
22	it	47	town	22	or	47	more
23	thai	48	**also**	23	its	48	**many**
24	visitors	49	popular	24	an	49	world
25	at	50	activities	25	be	50	where

将泰国子库和东盟总库两个语料库中排名前50的词频进行对比发现：

（1）两个语料库中排名前50的词语重合度较高，有78%，这些重叠词汇以虚词（介词、冠词、连词等）为主，但是也有系动词be的各种形式和少数名词重叠，如province，city，town等，但值得注意的是重叠词汇里在词频表顺序差距10以上的也不少，占了重叠词汇的三分之一。

（2）两个语料库中排名前50的词语都包含了3个人称/物主代词，分别是you，it和its。

（3）泰国子库前50里还有2个表示地点的名词thailand和bangkok和形容词thai，这几个词突出了泰国子库的国家主题。

（4）泰国子库前50里还有几个其他名词，分别是visitors，attractions，restaurants和activities。

（5）泰国子库前50里还有介词including，动词features和形容词popular，这在东盟总库和其他几个子库里是不常见的。

（三）主题词表

将东盟总库作为参照语料库，将泰国子库设为观察语料库，通过软件

AntConc以对数似然比的方式生成主题词表，表5-22列出了对数似然比检验结果的前20名。

表5-22 以东盟总库词频为参照的泰国子库主题词表前20

排序	K值（主题性）	主题词	排序	K值（主题性）	主题词
1	1144.867	thailand	11	288.559	visitors
2	773.838	thai	12	284.192	khao
3	563.773	koh	13	251.533	chiang
4	531.066	bangkok	14	238.399	buri
5	438.614	attractions	15	237.964	serve
6	416.164	most	16	236.324	resorts
7	391.417	restaurants	17	227.187	variety
8	378.809	nakhon	18	223.731	phi
9	328.329	including	19	217.890	following
10	315.499	features	20	210.633	addition

表5-22的主题词表体现出了泰国子库的鲜明特点。

（1）泰国相关词汇thailand（泰国），thai（泰国人、泰文），koh（泰语的谷），bangkok（曼谷），nakhon（洛坤），khao（泰语的“山丘”），chiang（泰语的“清”），buri（武里）和phi（泰语的“皮”）占据了主题词表将近一半，充分体现了该语料库的主题。

（2）泰国子库主题词表中还有一些名词如attractions，restaurants，visitors，resorts，variety和addition，与词频表中的发现基本一致。

（3）从主题词表里还出现了实义动词serve，其用法有待进一步分析。

（四）词簇

为了更好地了解泰国子库中词簇的情况，将词簇长度定为2～6词，最低频数50次，得到一个最短为2～6词的词簇表。表5-23 列出了N元组生成的

2～6词词簇表完整语法结构的前20个词簇，缅甸子库2～6词词簇中包含了动词结构，如there are，it is等，也包含了不少“of结构”，如some of，one of，variety of等。在几个国家子库列表里，首次出现了6词词簇the following are some of the，而且复现频数不低，共出现144次，排在第14位，3词词簇也有5个，说明泰国子库里对一些固定搭配的使用相对其他子库较多。

表5-23　N元组生成的2～6词簇表前20

排序	词簇	复现频数	排序	词簇	复现频数
1	there are	310	11	of the most	159
2	the most	244	12	a variety of	147
3	some of	229	13	the following	146
4	in thailand	222	14	the following are some of the	144
5	one of	218	15	in addition	143
6	some of the	210	16	a number of	135
7	the province	210	17	it is	126
8	variety of	196	18	most popular	122
9	one of the	184	19	in addition to	119
10	of thailand	165	20	national park	116

（五）实词使用情况

将完成词性标注后的泰国子库用AntConc的Concordance功能统计出子库中形容词、副词、实义动词使用情况排名前10位的词汇（表5-24）。

表5-24 主要词性词频排名前10

形容词	副词	实义动词			
		原形	现在时	第三人称	过去时
类符(1214) 形符(8967)	类符(360) 形符 (3698)	类符(435) 形符(2126)	类符(256) 形符(945)	类符(217) 形符(890)	类符(230) 形符(431)
many(278) thai(254) popular(226) other(204) natural(195) central(153) available(139) international(125) beautiful(116) historical (110)	also(224) not(205) as(142) well(132) only(95) often(94) so(94) locally(84) even(83) just(72)	find(114) visit(87) keep(77) buy(76) participate(70) shop(70) get(61) take(60) see(52) make(47)	serve(105) do(54) include(51) want(28) make(26) offer(24) plan(21) feature(19) find(19) discover(16)	features(229) contains(41) includes(34) offers(27) means(22) lies(20) comes(18) boasts(17) provides(16) serves(16)	called(15) became(14) made(13) established(10) took(10) came(7) did(7) ruled(6) began/built/ gave/occurred/ played/said/ served/used(4)

从表5-24中可以看到，泰国子库中主要词性的形符相较于其他子库都比类符高出很多，进一步说明泰国子库的词汇丰富程度逊于其他子库。

二、泰国子库词汇特点

（一）形容词

（1）popular。形容词popular在泰国子库前50里排名第49，这个词在东盟总库和其他几个子库里都没有进入前50，因此，此处单独对其用法进行分析。

首先，利用AntConc的Concordance功能给popular左边第一个词排序，发现搭配多为a popular，more popular和most popular。其中，popular在该子

库中共出现235次，a popular的搭配有36次，more popular出现26次，most popular出现122次，三种搭配共占所有popular用法的将近80%。按左边起1～3个词的排序，可以看到of the most popular的用法出现100次，占了接近一半的篇幅，而这个词簇在这里就只有两种结构：some of the most popular出现92次，one of the most popular出现8次。这说明泰国子库在强调"受欢迎"的同时，也注意不把话说得过于绝对，留了一定的余地。

再来看按"popular"右边1～3个词的排序，主要搭配有：popular activities，popular attractions，popular beach(es)，popular (tourist) destination(s)和popular with等，其中，popular attractions出现 55次、popular activities出现41次，popular (tourist) destination(s)出现15次，popular beach(es)出现12次，popular (tourist) areas出现11次，而popular with出现 10次，其他还有如：popular fruit，popular place(s)，popular in等。

例5-4-1：Although not a widely popular tourist destination, Phitsanulok features a variety of attractions, particularly as it has a long and storied history.

例5-4-2：Buri Ram has various activities for visitors to participate, though the most popular are visiting the natural and cultural attractions around the province, including Phanom Rung temple.

（2）central。central表示"接近市中心的"，在泰国子库的频率相较于其他子库要高很多，主要用法为central market，这在一定程度上说明了泰国旅游的一大特点就是逛市中心附近的集市。

例5-4-3：As in most provincial capitals, Sakon Nakhon features a central market where locals can buy everything from groceries to household appliances and visitors can shop for clothing and other necessary supplies.

例5-4-4：As in most provincial capitals, Sa Ket features a central market where locals can buy everything from groceries to household appliances and visitors can shop for clothing and other necessary supplies.

从例5-4-3和例5-4-4中可以看到"central market"集中出现是因为泰国子库的同质化问题较严重，各地介绍都用了同样的句式，除了地名发生变化外，其他内容都一样，这说明泰国各地旅游特色大同小异，因此每个地方的旅游介绍都离不开逛集市。同时，宣传语料的同质化也导致泰国子库的标准

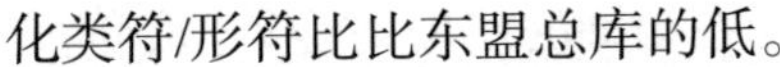

化类符/形符比比东盟总库的低。

（3）natural，beautiful和historical。同样，从这几个进入形容词排名前10的形容词中可以了解到泰国在旅游宣传的重点有“自然”，如natural attraction，natural beauty，natural resources等；有“美景”，如beautiful country，beautiful scenery，beautiful temples和beautiful waterfalls等；还有“历史”，如historical attractions，historical buildings，historical parks和historical sites等等。

例5-4-5：Adding to Ubon Ratchathani’s natural appeal, Phu Chong Nayoi and Pha Taem National Parks are two of Isan’s most unspoiled and unvisited natural preserves.

例5-4-6：The provincial capital of Prachuap Khiri Khan is a fishing port with a superb location beside beautiful curving bays and amongst steep mountain outcrops.

例5-4-7：Just a hundred kilometers away from Bangkok, Suphan Buri is an ancient town rich in natural and historical heritage.

（二）动词

表5-25是泰国子库中实义动词与系动词使用频率的统计。

表5-25　泰国子库实义动词与系动词使用频率

实义动词		系动词	
时态	频率	时态	频率
原形	2126	be	317
现在时	945	am/are	1097
第三人称单数	890	is	1389
过去时	231	was/were	298
合计	4192	合计	3101

同样，泰国子库的实义动词的使用也多于系动词的使用，是其1.35倍。

（1）features。该词在泰国子库前50里排名第46，共出现232次，该词既可能是名词复数，也可能是动词第三人称单数。经过AntConc的Concordance功能的搜索，发现在泰国子库中，features用作名词复数仅有1次（... are designed with water features ...），其余230次全部为动词第三人称单数。例如：

例5-4-8：Buri Ram features many natural and cultural attractions, including the ruins of around 100 historical sandstone temples.

例5-4-9：Consequently, few tourists go out of their way to visit this somewhat remote province, which features striking natural beauty, including the Huai Kha Khaeng Wildlife Reserve, a Natural World Heritage Site.

（2）serve。动词serve在泰国子库里共出现148次，排名第79位，但其主题性突出，在表5-22主题词表前20排名第15，说明相对于其他东盟总库来说，该词的使用频率较高。因此，利用AntConc的Concordance功能考察serve在泰国子库里的使用情况，发现serve a variety of cuisines（出现74次），serve both（出现59次），随后在AntConc的File View里查看，发现泰国子库里在介绍各地的餐馆时的手法与上文central market中的例句一样，用了大量相似的句子结构，仅把地点进行了替换。

例5-4-10：Most restaurants on Phayao serve a variety of cuisines, including Thai and international foods.

例5-4-11：Most restaurants on Kamphaeng Phet serve a variety of cuisines, including Thai and international foods.

（三）高频名词

attractions一词是以复数形式上榜，其单数形式只在泰国子库中出现了23次，而复数形式则在泰国子库里共出现304次，在泰国子库前50里排名第33。通过AntConc的Concordance功能发现attractions在泰国子库中主要搭配有：some of the most popular attractions（出现54次），tourist attractions（出现17次），innumerable attractions（出现15次），还有cultural attractions（出现53

次，其中natural and cultural attractions出现37次），natural attractions（出现36次），historical attractions（出现17次）等，可以看出泰国旅游景点多样，热门景点多，且人文景观、自然人文景观、自然景观和文化景观俱全。

例5-4-12：In addition to its great historical attractions, Suphan Buri boasts national parks with beautiful waterfalls and caves and a number of other natural and cultural attractions.

例5-4-13：Many tourists who travel to Bangkok are immediately overwhelmed by the sheer size of the city and the vast number of attractions Bangkok has to offer.

三、泰国子库句法特点

（一）there be结构

根据表5-21的词频对比发现，there一词在东盟总库排名第31，而在泰国子库排名第19位，说明其在泰国子库中使用频率要比东盟总库高，通过AntConc的Concordance功能搜索，发现there在泰国子库中共出现444次，其中there are出现304次，there is出现70次，而there was，there were和there will be等情况只出现了12次，说明在泰国子库中there be结构使用比较多，特别是表示一般现在时的there are的使用占了绝大多数。

例5-4-14：The area has thus been continuously inhabited for well over 1, 000 years and there are many historic buildings, temples, and palaces to attest to its importance.

例5-4-15：As one of the top tourist destinations in Thailand its not surprising that there is a wide range of authentic international restaurants run by both Thais and foreign expats.

（二）长句的使用

在上文的基本情况里已经发现泰国子库使用长句的情况较多，其平均句长为23.64词，比东盟总库的平均句长17.04词高出四分之一。

例5-4-16：Phetchabun is a province of rich tourism potential with attractions including Khao Kho National Park, which has been referred to as Little Switzerland because of its beautiful scenery and cool weather; Nam Nao National Park, which features a large number of wild animals that can be spotted while trekking; and Than Thip Waterfall, which is a popular place for swimming.（60词）

例5-4-17：Chiang Mai specialties include spicy sausage, khao soy (a type of noodle soup), and the ultimate in northern cuisine, a khan toke dinner; khan toke dinners usually consist of several small dishes, such as curries, crispy fried pork skin, and northern style chili sauces, served with sticky rice on a small round table, usually in front of a traditional dancing show, especially if you are a foreign visitor.（68词）

从以上例句可以看出，泰国子库中的长句句式并不复杂，长居中虽然偶有个别简单从句充当修饰成分，但大多长句由并列小句组成，以并列连词“and”或分号将多个小句连结在一起。

四、小结

泰国并没有过被英美国家殖民的历史，因此泰国应归入Kachru分类中的扩展圈国家。在目前收集的语料基础上，泰国子库的语料特点可以总结如下。

（1）虽然泰国子库在词汇丰富程度上不如东盟总库，但泰国子库在使用7字母以上词长词汇的情况更多，说明泰国子库词汇难度更大。

（2）泰国作为一个旅游大国，因此，诸如popular，features之类的词汇使用相较其他子库就更频繁，以凸显泰国丰富多样的旅游资源。

（3）在句法上，泰国旅游宣传更偏好使用客观视角的there be...结构和长句。

第五节 印 尼

印度尼西亚共和国，简称印尼，位于东南亚和印度洋和太平洋之间，是一个多民族、多语言的“万岛之国”，它由17508个岛屿组成，包括苏门答腊岛、爪哇岛、苏拉威西岛、婆罗洲和新几内亚的部分地区；印尼是世界上最大的群岛国家，面积约为191万平方公里。

早在公元前，印尼就有人类居住的痕迹。公元3—7世纪建立了一些分散的封建王国。从公元7世纪开始，受到贸易的影响，三佛齐的海上王国繁荣起来，到13世纪后期，玛迦帕夷王朝在爪哇岛东部建立，在加贾马达（Gajah Mada）的统治下，它的影响延伸到今天的印度尼西亚大部分地区，加贾马达的统治期常被称为印尼历史上的“黄金时代”。

15世纪，葡萄牙、西班牙和英国先后侵入。1512年，第一批欧洲人来到了马鲁库群岛，当时的葡萄牙商人试图垄断马鲁库群岛的肉豆蔻、丁香和胡椒等香料，随后在1602年，荷兰人建立了荷兰东印度公司（VOC），1799年底改设殖民政府。第二次世界大战期间，日本入侵并于1942年占领了印尼，结束了荷兰的殖民统治，日本战败后，印度尼西亚八月革命爆发，1945年8月17日宣布独立，成立印度尼西亚共和国；荷兰一直试图恢复对印尼的殖民统治，在印尼人民的不断反抗下，1949年12月结束，当时荷兰在国际压力下正式承认印度尼西亚的独立，1950年8月印尼联邦议院通过临时宪法，正式宣布成立印度尼西亚共和国，同一年印尼成为联合国第60个成员，1954年8月印尼脱离荷印联邦。

印尼人口2.7亿，居世界第四位，共有300多个民族及742种语言及方言，其官方语言是印尼语——一种从马来语发展起来的混合型语言。印尼曾遭受荷兰300多年的殖民统治，在这期间，荷兰语虽然是官方语言，是欧洲人和当地官员交流的语言，但是荷兰殖民者并未重视推行荷兰语，因此荷兰语在印尼对民众的影响相对较小，1945年印尼宣布独立后，将印尼语明确规定为印尼的官方语言，是从小学到大学教育的媒介语。近几十年，印尼政府意识到英语在国际往来中的重要性，自1994年起从小学四年级开始开设英语课程，并大力支持以英语作为教学媒介语的国际学校的建设。

印尼子库（Corpus of Indonesia Tourism Information，CITI）的文本主要来自印尼旅游部的官方网站、东盟旅游网的官方网站和东盟博览会期间印尼国家馆提供的宣传资料，共119134词。

一、印尼子库基本情况

表5-26是印尼子库与东盟总库的基本数据，从该表中可以看出：（1）印尼子库的标准化类符/形符比比东盟总库低了0.25，平均词长也低于东盟总库，这说明在印尼旅游宣传资料在词汇使用上的丰富程度要略逊于东盟总库。（2）印尼子库的平均句长要比东盟总库低很多，说明在印尼旅游宣传资料语料库里使用的短句的情况更多。

表5-26　印尼子库与东盟总库基本数据比较

语料库	形符数	类符数	类符/形符比	标准化类符/形符比	平均词长	词长标准差	平均句长	句长标准差
印尼子库	119134	11466	9.62%	46.61	4.84	2.50	15.97	11.48
东盟总库	1015538	43714	4.30%	46.86	4.90	2.59	20.90	13.30

（一）词长分布

图5-5是印尼子库与东盟总库的词长为1～15字母的词语在各自语料库中的比重分布的统计。

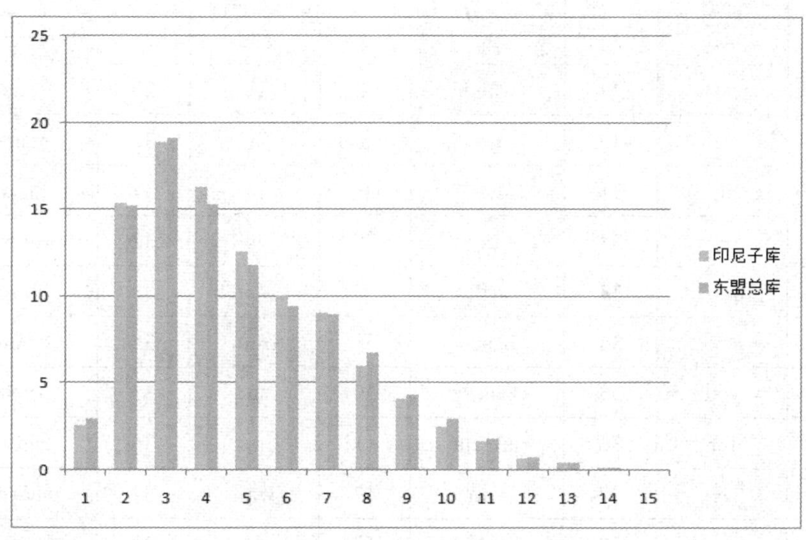

图5–5　印尼子库与东盟总库词长分布

从该图可以发现，印尼子库只是在2字母、4～7字母词长词汇使用的比例上高于东盟总库，而东盟总库在1字母、3字母、8～13字母词长词汇使用比例上则高于印尼子库，这说明印尼旅游宣传子库在较复杂词汇中的使用频率低于东盟十国的旅游宣传资料总库。

（二）词频比较

表5-27是用AntConc统计出印尼子库中使用频率最高的前50位的词与东盟总库中词频最高的50个单词进行比较。表中灰色部分词汇为两个语料库都有且排名差距小于等于10的词汇，加粗词汇为两个语料库都有但排名差距大于10的词汇，其他则为各语料库特有词汇。

表5-27　印尼子库与东盟总库语料库前50词频对比

印尼子库 词频				东盟总库 词频			
序号	单词	序号	单词	序号	单词	序号	单词
1	the	26	its	1	the	26	can
2	of	27	indonesia	2	of	27	has
3	and	28	one	3	and	28	which
4	to	29	which	4	to	29	one
5	a	30	get	5	a	30	there
6	in	31	has	6	in	31	also
7	is	32	an	7	is	32	province
8	from	33	will	8	for	33	most
9	are	34	beach	9	from	34	**island**
10	you	35	take	10	are	35	**their**
11	for	36	jakarta	11	as	36	area
12	as	37	bali	12	with	37	have
13	on	38	around	13	on	38	park
14	with	39	**was**	14	by	39	will
15	that	40	have	15	it	40	all
16	by	41	**city**	16	at	41	other
17	or	42	most	17	that	42	located
18	can	43	park	18	you	43	town
19	at	44	here	19	**city**	44	about
20	this	45	**their**	20	**was**	45	some
21	it	46	located	21	this	46	river
22	there	47	many	22	or	47	more
23	also	48	not	23	its	48	many
24	**island**	49	only	24	an	49	world
25	be	50	but	25	be	50	where

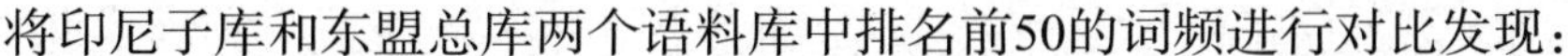

将印尼子库和东盟总库两个语料库中排名前50的词频进行对比发现：

（1）两个语料库中排名前50的词语有的重叠率较高，达到了78%，这些重叠词汇有虚词（介词、冠词、连词等），也有系动词be的各种形式和少数名词重叠，如island，beach，city，park等。

（2）两个语料库中排名前50的词语都包含了4个人称/物主代词，都是you，it，its和their，其中you在印尼子库排名第10而在东盟总库排名第18，这说明印尼子库里使用了更多第二人称的句子。

（3）印尼子库前50里还有4个名词上榜，分别是indonesia，jakarta和bali，这几个词突出了印尼子库的国家主题。

（4）印尼子库前50里还有两个实义动词：get和take，这一现象有待后面进一步研究。

（5）在印尼子库前50里的最后三个词为not，only，but，这无论是与东盟总库还是其他子库相比都比较特别，有待进一步研究。

（6）印尼子库里around使用频率较高，而东盟总库里about使用频率较高，二者都可以表示模糊的概念。

（三）主题词表

将东盟总库作为参照语料库，将印尼子库设为观察语料库，通过软件AntConc以对数似然比的方式生成主题词表，表5-28列出了对数似然比检验结果的前20名。

表5-28　以东盟总库词频为参照的印尼子库主题词表前20

排序	K值（主题性）	主题词	排序	K值（主题性）	主题词
1	715.460	indonesia	5	335.097	java
2	618.406	jakarta	6	305.433	get
3	565.311	bali	7	229.316	bintan
4	423.639	you	8	215.473	indonesian

续表

排序	K值（主题性）	主题词	排序	K值（主题性）	主题词
9	211.185	bandung	15	154.905	take
10	195.372	sulawesi	16	141.174	manado
11	182.686	makassar	17	134.421	dutch
12	180.983	sumatra	18	132.980	there
13	177.917	yogyakarta	19	130.480	around
14	165.863	can	20	130.473	gili

表5-28的主题词表体现出了印尼子库的鲜明特点。

（1）印尼子库中有许多主题显著的地名：indonesia（印尼），jakarta（雅加达），bali（巴厘岛），java（爪哇岛），bintan（民丹岛），bandung（万隆），sulawesi（苏拉威西岛），makassar（孟加锡），sumatra（苏门答腊岛），yogyakarta（日惹），manado（万鸦老）等。

（2）从主题词表里还发现两个实义动词get和take。

（3）排名靠前的主题词还有“dutch”，可以看到荷兰在印尼殖民统治留下的痕迹。

（四）词簇

为了更好地了解印尼子库中词簇的情况，将词簇长度定为2～6词，最低频数50次，得到一个最短为2～6词的词簇表。表5-29 列出了N元组生成的2～6词词簇表完整语法结构的前20个词簇，与东盟总库和其他子库相比，印尼子库2～6词词簇中包含了不少动词，如you can, there are, it is, get there等，在这个列表里，只有2个3词词簇，包括英语的固定搭配as well as，4词和4词以上的词簇则非常少，都没有进入前20的词簇表。

表5-29　N元组生成的2～6词簇表前20

排序	词簇	复现频数	排序	词簇	复现频数
1	you can	319	11	the city	103
2	there are	232	12	is located	101
3	it is	208	13	such as	93
4	get there	190	14	you will	89
5	the island	173	15	as well	85
6	national park	133	16	in indonesia	80
7	the world	133	17	from jakarta	79
8	the most	111	18	the beach	77
9	known as	109	19	the best	75
10	one of the	108	20	as well as	75

（五）实词使用情况

将经过词性标注的印尼子库用AntConc的Concordance功能，统计了其中形容词、副词、实义动词使用情况排名前10位的词汇。

表5-30　主要词性词频排名前10

形容词	副词	实义动词			
		原形	现在时	第三人称	过去时
类符(1465) 形符(9339)	类符(409) 形符(4610)	类符(526) 形符(2825)	类符(306) 形符(1019)	类符(312) 形符(1128)	类符(248) 形符(497)
many (198) other (197) traditional (150) local (127) indonesian (110) main (109) large (105) such (105) unique (98) natural (48)	also (457) there (229) here (221) not (207) only (181) as (150) about (131) well (123) then (102) so (95)	get (343) take (269) find (109) see (79) reach (62) make (58) enjoy (55) go (54) visit (50) rent (40)	do (43) include (31) take (29) wish (25) want (24) come (20) make (19) offer (19) visit (19) enjoy / need (17)	takes (75) offers (68) means (34) provides (32) serves (27) comes (25) lies (25) stands (25) makes (24) continues / covers (22)	called (41) found (19) became (15) came (12) made (9) began (8) took (8) held/ named/ used(4)

二、印尼子库词汇特点

（一）形容词

（1）traditional和natural。从形容词traditional和natural的使用可以看出印尼子库比较强调的是“传统”与“自然”，如traditional costume，traditional dances，traditional houses，traditional performances，traditional villages，natural beauty，natural environment，natural landscape(s)，natural habitat和natural wonder(s)等。

例5-5-1：Buffalos are a requirement that must be met in any traditional ceremony, especially funerals, as it is believed that the buffalo, when slaughtered, act as a vehicle for the spirit of the deceased to reach Nirvana.

例5-5-2：Also known as the Land of the Gods, Bali appeals through its sheer natural beauty of looming volcanoes and lush terraced rice fields that exude peace and serenity.

（2）unique。形容词unique并未进入之前几个子库的形容词前10，而在印尼子库中，其位于第9位，而且unique词的搭配重复很少，如unique and delicious rich flavor，unique and rare butterflies，unique coral and reefs，unique cultural and architectural marvel等，说明印尼旅游资源丰富、独特，有许多独一无二的自然景观和人文景观。

例5-5-3：Shopping in Jimbaran can be an adventure in itself as the area offers an array of unique and traditional shops and markets.

例5-5-4：A safe and exciting underwater adventure Sea Walker is a unique diving system, that provides an opportunity to observe the underwater world to a depth of 15 feet without certification, and without getting your hair wet.

（3）Dutch。虽然荷兰语并没有因为荷兰的殖民统治而在印尼留下深刻的印记，但荷兰殖民的影响还是体现在旅游宣传资料中，Dutch一词在主题词表排名第17，通过AntConc的Concordance功能可以看到，其主要搭配有：Dutch (colonial) architecture，Dutch colonial era，Dutch（colonial） government，Dutch cuisine和Dutch East Indies等。

例5-5-5：The restored Sultan's palace here is an interesting blend of Javanese and Dutch architecture.

例5-5-6：Not only applying Dutch distinct style to the structure, Speelman added another bastion at its west side.

（二）动词

表5-31是印尼子库中实义动词与系动词使用频率的统计。

表5-31 印尼子库实义动词与系动词使用频率

实义动词		系动词	
时态	频率	时态	频率
原形	2825	be	420
现在时	1019	am/are	994
第三人称单数	1128	is	2022
过去时	497	was/were	330
合计	5469	合计	3766

从表5-31可以发现，印尼子库的实义动词的使用较系动词更频繁，是其1.45倍。

（1）get。实义动词get在印尼子库中共出现358次，在词频表中排名30，表5-32列出了get在印尼子库中的主要搭配和用法。

表5-32 get在印尼子库中的主要用法

排序	词簇	复现频数
1	get there/here	194
2	get around	66
3	get to + 名词	44

续表

排序	词簇	复现频数
4	get + 名词/名词短语	20
5	get + 形容词/形容词短语	13
6	get to + 动词	5
7	get + 介词	4

从表5-32中可以看出，get there/here的表述在get的用法里占了一半以上，加上get around和“get to + 名词”的结构，这类指明方向的表述占了get各种搭配用法的将近85%，说明在印尼子库里非常注重对于旅游目的地的交通、路线指引，方便旅游者获取信息。

实义动词get在印尼子库中的用法还表现为一些固定搭配，如get up close to，get rid of和get close等。除此之外，get的第三人称单数gets在语料库中出现了4次，getting出现了20次，而got和gotten各出现了一次。

例5-5-7：From Tanjung Priok, travelers get instant access to Indonesia's capital and biggest metropolis, too: Fatahillah Square is located less than 20 minutes' drive away, for starters.

例5-5-8：Although quite far from Makassar, a speedboat will get you to these outermost islands in 1.5 hours.

（2）take。实义动词take在印尼子库中共出现318次，在词频表中排名35，用AntConc的Concordance功能查看take在印尼子库中的使用可以发现：take在印尼子库中的搭配和用法主要可以分为以下三类。

take + 交通工具：take a boat（bus，cruise，ferry，flight，longboat，minibus，motorboat，plane，private car，rental car，speedboat，taxi，train，walk）。

例5-5-9：To get to Selayar and Taka Bonerate, you should take a flight to Makassar, capital of South Sulawesi.

例5-5-10：You can charter your own car to Bira, where you can take the ferry to Selayar, or stay overnight at Bira.

take + 时间：take a little over 2 hours，take a long time，take a moment，take about 20 minutes，take almost a full day等。

例5-5-11：From Ternate it takes some 4 hours journey to the Resort using speedboat, then a drive through the forest pass picturesque villages and panoramic views before you arrive at the Resort on the Beach of Weda.

例5-5-12：The land covers around a 7-hectare area, so that it will not take much time and energy to travel around the village.

固定搭配：take a bath，take a bite，take a break，take a peek，take a ride，take note，take off，take pictures，take place，take your breath away等。

例5-5-13：Pay a visit to any of the 4 Bajo villages and take the opportunity to learn about the lives of these mysterious sea people.

例5-5-14：Parangtritis is located around 28 km (17 miles) from Yogyakarta this is the ideal distance to come for a day trip to take a break out of the city and soak up the roar of the waves and the astounding atmosphere.

除此之外，take的第三人称单数takes在语料库中出现了82次，taking出现了39次，took出现了8次，它们的用法基本也可以归纳为上面三类；而"taken"在印尼子库出现了17次，以被动语态为主（如be taken over，be taken from，be taken out等），表示完成时态的只有3次。

（3）rent。rent用作动词表示"租借"，这个用法在印尼子库中较为突出，多为租借各种交通工具。从相关例句中可以看出旅游宣传的信息功能，旅游宣传的一个主要作用是为旅游者提供信息，给出各种交通选项，为游客提供便利。

例5-5-15：It's also possible to rent a car with a driver in Jakarta.

例5-5-16：Beside playing in the water and swimming, visitors can rent a motorboat to visit Pisang Kecil and Pisang Besar Islands which are located some 500 meters from the beach.

（4）stand。stand在印尼子库中常用第三人称，表示"竖立、耸立"之意。

例5-5-17：Pura Puncak Mangu stands 11 levels high, and was built in dedication to the god Vishnu.

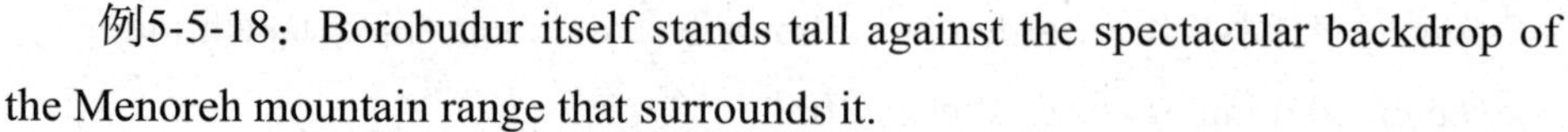

例5-5-18：Borobudur itself stands tall against the spectacular backdrop of the Menoreh mountain range that surrounds it.

（三）其他高频词

在印尼子库与东盟总库词频比较时发现，印尼子库around的使用要多于about的使用。二者都可以用作副词和介词，都可以表示“到处”“大约”。为了更好得对比二者在使用上的差别，将已经用Tag Ant做好词性标注的语料导入AntConc进行检索，表5-33统计了around和about在印尼子库和东盟总库中的用法。

表5-33 around和about在印尼子库和东盟总库中的用法统计

		总数	介词	副词	小品词及其他
around	印尼子库	292	204	40	48
	东盟总库	1116	814	165	137
about	印尼子库	211	67	143	1
	东盟总库	1647	730	915	2

从表5-33中可以看到，在东盟总库里，about的使用要多于around的使用，但在东盟总库里，around的使用要多于about。其中，无论是在东盟总库还是在印尼子库，around介词的用法都要多于副词的用法；而about在东盟总库里介词用法略少于副词用法，在印尼子库里却远远少于副词用法。

（1）Around用作介词

例5-5-19：Bromo’s sunrises and sunsets are especially amazing, alluring visitors from around the world, who scale its rocky trails to bask in their seemingly endless glow.

（2）Around用作副词

例5-5-20：In the jungle there is no other option but to get around by foot so a visit to Tanjung Puting will involve walking in the great outdoors.

（3）About用作介词

例5-5-21：There’s a guide in each shuttle who’ll be able to explain to you about the wildlife out there.

（4）About用作副词

例5-5-22：Hundreds of turtles frequent this portion of ocean, gliding gracefully about in search of food.

三、印尼子库句法特点

（一）否定句的使用

在印尼子库与东盟总库词频比较时发现，印尼子库中否定词not的使用偏高，通过AntConc的Concordance功能，把所有包含有not的句子提取出来，发现印尼子库里偏好用否定句表示肯定。

例5-5-23：Nonetheless, irrigation of the ricefields would not be successful unless man also has a hand in it.

例5-5-24：Reasonable amount of perfume per adult, meaning if you arrive drenched in perfume the customs probably will not mind you carrying loads of bottles.

（二）Not only...but also...结构

在印尼子库的词频表里发现前50里的最后三个词为not，only和but，如果再加上排名第23位的also则可以构成“not only...but also...结构”，因此，用AntConc的Concordance功能搜索not only，发现在该结构在东盟总库出现了177次，在印尼子库里共出现了41次，占了“not only...but also...”这个结构总数的五分之一强，说明印尼子库还是比较偏好使用这个结构的。

例5-5-25：This uniquely Papuan festival traces its root in the belief held by the various local tribe that war is not only a conflict of power and interest, but also a symbol of fertility and prosperity.

例5-5-26：For thousands of years, Chinese communities have not only settled on many parts of the Indonesian islands but they have also shared and infused their culture and traditions with those of the local population.

（三）第二人称的使用

无论是在词频比较中还是主题词表中，第二人称的人称代词you都处于较为显著的位置，说明在印尼子库多用第二人称。

例5-5-27：To be on Um Island is most relaxing if you have the whole day to drift into an environment filled with living creatures, above and below the glittering sea.

例5-5-28：Although quite far from Makassar, a speedboat will get you to these outermost islands in 1.5 hours.

四、小结

英语在印尼的普及只是在近几十年的事情，因此印尼并不属于Kachru分类中的外圈国家，而属于扩展圈国家。在现阶段收集到的语料的研究基础上，印尼子库主要体现出以下特点。

（1）印尼子库无论在词汇丰富程度还是复杂程度上都要逊于东盟总库。

（2）在印尼子库中的高频形容词中可以看出印尼旅游宣传强调“传统”“自然”和旅游资源的“独特”，同时高频形容词也体现了荷兰对印尼的殖民影响。

（3）在句法上，印尼旅游宣传除了更偏好使用第二人称外，还多用否定句表示肯定，以及“not only... but also...”结构。

第六节　越　南

越南社会主义共和国，简称越南，是亚洲的一个社会主义国家。"越南位于中南半岛东部，北与中国广西、云南接壤，边界线长1347公里；西与老挝、柬埔寨交界；东面和南面临海。国土面积32.9万平方公里，地形狭长，呈S型。地势西高东低，境内3/4面积为山地和高原。主要河流包括北部的红河和南部的湄公河。[①]"越南拥有3260多公里长的海岸线，旅游资源丰富。

越南从公元前111年起到公元939年间一直在中国的直接统治下，直到公元968年，丁部领建立大瞿越国，越南正式独立建国，成为独立的封建国家。从16世纪开始，葡萄牙人、荷兰人、英国人先后试图在越南建立据点，但因当地动乱与反抗未能成功；法国从1843年开始正式采取军事手段入侵越南，到1884年，越南沦为法国殖民地。1940年，借着太平洋战争之机，日本入侵法属印度支那，并于1945年3月全面接管越南。同年9月，越南民主共和国（即北越）在越南北方成立；也在同一时期，法国再次入侵越南，越南进行了艰苦的抗法战争。1954年7月，关于恢复印度支那和平的日内瓦协定签署，越南北方获得解放，南方则仍由法国统治，随后建立了由美国扶植的南越政权。1961年起越南开始进行抗美救国战争，1973年1月越美在巴黎签订关于结束越南战争、恢复和平的协定。1975年5月南方全部解放，1976年4月选出统一的国会，7月宣布全国统一，定国名为越南社会主义共和国。

越南是一个多语言、多民族的国家，官方正式认定公布的民族共有54个，在将近1亿的人口里，京族占85%。越南共有105种语言/方言，越南政府认定的54个民族分属于下面5个语系："南亚语系"（Austro-Asiatic）、"壮侗语系"（Daic）、"苗瑶语系"（Hmong-Mien; Miao-Yao）、"南岛语系"（Austronesian）和"汉藏语系"（Sino-Tibetan）。属于南亚语系的越南语是越

① 资料来源：http://vn.china-embassy.org/chn/ynyp/；获取时间：2020年11月25日。

南的官方语言，用于教育系统及大众媒体。约90%的少数民族人口使用不同程度的越南语。

由于中国一千年的统治，汉字一度是越南正式的官方文字，但以汉字写成的文章基本上没有遵循越南语的语法规则，与当时的越南语口语有很大差异。19世纪后半期至20世纪上半段，越南沦为法国的殖民地。在法国殖民统治时期，法语取代汉文、越南语而成为越南的官方语言。1945年越南民主共和国成立时，宣布采用越南语和越南罗马字为官方语言的政策。由此开始，越南语和越南罗马字取代法语、汉字而成为当今越南唯一的口语和书写语标准。然而，到全球一体化的今天，英语作为通用语在国际交往中的作用逐步凸现，越南也有越来越多的人学习英语。

从中国—东盟博览会期间越南国家馆纸质宣传册、越南旅游局官方网站及官方网站链接网站等共收集到越南旅游宣传语料51685词，建成越南子库（Corpus of Vietnam Tourism Information，CVTI）。

一、越南子库基本情况

表5-34是越南子库与东盟总库的基本数据对比，从该表中可以看出：

（1）越南子库的标准化类符/形符比比东盟总库高0.53，但越南子库的平均词长比东盟总库的少0.15，这说明越南旅游宣传资料虽然相对而言词汇使用更丰富，但从词长上考量词汇复杂度却不如东盟十国的旅游宣传资料总库。

（2）越南子库的平均句长为25.07，句长标准差为17.24，平均句长比东盟总库高4.17词，句长标准差也比东盟总库大3.94，说明越南旅游宣传资料语料库里的句子长度多在7.83~42.31词，长句远远多于东盟总库，是东盟十国子库中平均句长最长的。

表5-34　越南子库与东盟总库基本数据比较

语料库	形符数	类符数	类符/形符比	标准化类符/形符比	平均词长	词长标准差	平均句长	句长标准差
越南子库	51685	7050	13.64%	47.39	4.75	2.55	25.07	17.24
东盟总库	1015538	43714	4.30%	46.86	4.90	2.59	20.90	13.30

（一）词长分布

图5-5是越南子库与东盟总库的词长为1～15字母的词语在各自语料库中的比重分布的统计。从该图可以发现，越南子库在2～5字母词长的词汇使用比重上都明显高于东盟总库，但在其他字母词长的词汇使用比重上则明显低于东盟总库，可以看出越南旅游宣传更偏好使用简单的、较短的词汇。

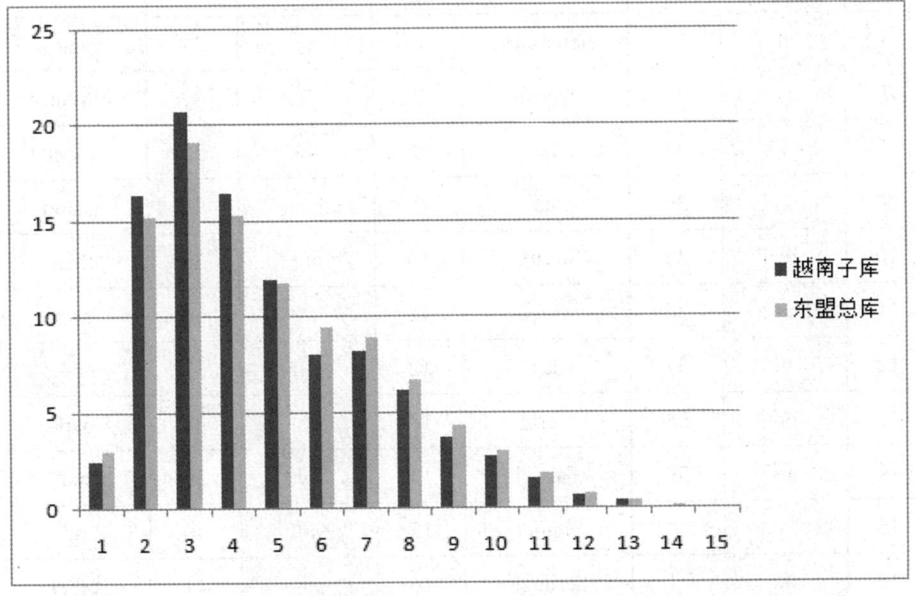

图5-5　越南子库与东盟总库词长分布

（二）词频比较

表5-35将用AntConc统计出越南子库中使用频率最高的前50位的词与东盟总库中词频最高的50个单词进行比较。表中灰色部分词汇为两个语料库都有且排名差距小于等于10的词汇，加粗词汇为两个语料库都有但排名差距大于10的词汇，其他则为各语料库特有词汇。

表5-35　越南子库与东盟总库语料库前50词频对比

越南子库 词频				东盟总库 词频			
序号	单词	序号	单词	序号	单词	序号	单词
1	the	26	or	1	the	26	can
2	of	27	cultural	2	of	27	**has**
3	an	28	van	3	and	28	which
4	in	29	was	4	to	29	**one**
5	to	30	dong	5	a	30	there
6	a	31	vietnamese	6	in	31	also
7	is	32	dynasty	7	is	32	province
8	with	33	ho	8	for	33	most
9	as	34	**its**	9	from	34	island
10	for	35	**many**	10	are	35	their
11	are	36	which	11	as	36	area
12	from	37	day	12	with	37	have
13	on	38	world	13	on	38	park
14	**an**	39	also	14	by	39	will
15	by	40	citadel	15	it	40	all
16	at	41	heritage	16	at	41	other
17	**has**	42	people	17	that	42	located

续表

越南子库 词频				东盟总库 词频			
序号	单词	序号	单词	序号	单词	序号	单词
18	nam	43	son	18	you	43	town
19	long	44	**this**	19	city	44	about
20	city	45	have	20	was	45	some
21	it	46	nguyen	21	**this**	46	river
22	ha	47	such	22	or	47	more
23	viet	48	km	23	**its**	48	**many**
24	that	49	one	24	**an**	49	world
25	vietnam	50	water	25	be	50	where

将越南子库和东盟总库两个语料库中排名前50的词频进行对比发现：

（1）两个语料库中排名前50的词语有的重叠率较低，只有58%，是东盟十国子库中重叠率最低的，这些重叠词汇有虚词（冠词、介词等），也有代词，还有系动词be的单数现在时和过去时。

（2）越南子库词频前50里只包含了2个人称/物主代词，it，和its，少了许多其他语料库都有的2个代词：第二人称you和第三人称复数物主代词their。

（3）越南子库前50里还有数个来自越南语的词上榜，分别是nam，long（此处为越南语的“龙”而非英语的“长”），ha，viet，vietnam，van，dong，vietnamese，ho，son（此处为越南语的“山”非英语的“儿子”）和nguyen，这几个词突出了越南子库的地域特点。

（4）越南子库前50里还多了形容词cultural和名词dynasty，world，citadel（城堡、要塞），people，heritage和water。

（三）主题词表

将东盟总库作为参照语料库，将越南子库设为观察语料库，通过软件

AntConc以对数似然比的方式生成主题词表。表5-36列出了对数似然比检验结果的前20名。

表5-36　以东盟总库词频为参照的越南子库主题词表前20

排序	K值（主题性）	主题词	排序	K值（主题性）	主题词
1	498.429	viet	11	342.932	nguyen
2	472.549	ha	12	325.997	ca
3	469.442	nam	13	318.855	hue
4	410.946	van	14	307.630	son
5	397.318	dong	15	296.814	noi
6	393.030	citadel	16	294.680	thanh
7	376.037	dynasty	17	278.018	singing
8	374.462	vietnamese	18	267.583	tu
9	361.159	ho	19	247.260	hoi
10	348.125	vietnam	20	246.871	phu

表5-36的主题词表的特征如下：

（1）越南子库主题词表前20中出现了许多较为陌生的单词，大多数来自越南语，而越南语使用的是越南罗马字，有多种声调，因此有时单一个词与不同词组和可能有多种意思，作为单个词语不太好判断，较为常见的有：viet（越族、越人），nam（南方），van（越南语，一般音译为“文”），dong（越南语，一般音译为“同”），ho（越南语，一般音译为“胡”），nguyen（越南姓氏“阮”），hue（顺化），thanh（城、市）等。

（2）越南子库主题词表前20中还有许多带有明显文化、地域特征的词汇：vietnamese（越南人、越南语），vietnam（越南）。

（3）越南子库主题词表前20中还出现了一些多义词：ha（河；公顷）。

（4）越南子库主题词表前20中出现了2个名词：citadel和dynasty（朝代），这两个词都进入了越南子库词频表前50。

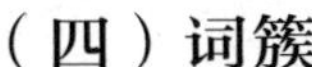

（四）词簇

为了更好地了解越南子库中词簇的情况，将词簇长度定为2～6词，最低频数30次，得到一个最短为2～6词的词簇表。表5-37 列出了N元组生成的2～6词词簇表完整语法结构的前20个词簇，与东盟总库相比，越南子库2～6词词簇表前20中有7个地名：viet nam，ha noi，hui an，ho chi minh等，在这个列表里，只有1个3词词簇和1个4词词簇，没有东盟总库和文莱子库词簇表中的as well as的结构。

表5-37　N元组生成的2～6词簇表前20

排序	词簇	复现频数	排序	词簇	复现频数
1	viet nam	123	11	thang long	47
2	such as	91	12	there are	46
3	ha noi	72	13	the world	45
4	hui an	65	14	the citadel	44
5	nguyen dynasty	57	15	the first	43
6	dong van	54	16	the south	431
7	ho chi minh	50	17	ho chi minh city	42
8	ca tru	49	18	court music	40
9	cultural heritage	49	19	ha long	36
10	it is	49	20	lunar month	35

（五）实词使用情况

将经过词性标注的越南子库用AntConc的Concordance功能，列举出越南子库中形容词、副词、实义动词使用统计及复现频率排名前10位的词汇（表5-38）。

表5-38 主要词性词频排名前10

形容词	副词	实义动词			
		原形	现在时	第三人称	过去时
类符(1026) 形符(4547)	类符(269) 形符(1332)	类符(315) 形符(737)	类符(142) 形符(275)	类符(187) 形符(423)	类符(170) 形符(319)
many (124) vietnamese (101) such (100) cultural (93) traditional (67) old (55) ancient (53) first (52) other (50) royal (46)	also (119) only(61) not(53) as(47) about(46) very(38) now(37) still(32) so (31) especially / well (29)	take (22) enjoy (18) add (17) get (17) go (16) make (14) visit (14) see (13) buy (10) learn / reach / read (8)	do (19) include (15) enjoy (7) come (6) make (6) reflect (6) arrive/ offer consider/ show (5)	includes (26) offers (13) consists (11) contains (11) covers (11) follows (8) lies (8) reflects (8) takes (8) appears (7)	became (13) used (12) followed (8) recognized (8) built (7) gave (7) made (7) developed (6) took (6) appeared / held / led (5)

从表5-38中可以看到，与文莱子库一样，越南子库中形容词使用最为丰富，无论是类符还是形符都要比其他两个词性使用频率高很多，但越南子库中实义动词各个形式的使用都相对文莱子库少。

二、越南子库词汇特点

（一）形容词

在越南子库中，使用排名前10的形容词与文莱子库并不尽相同。

（1）such。形容词such在越南子库共出现100次，形容词排名第3，其中，such as这个词簇在越南子库中共出现91次，在表5-37中排第2位。such as表示“比如、诸如……之类的”。例如：

例5-6-1：The buildings in the old town is built mostly with traditional materials such as: brick, wood and no more than two floors.

例5-6-2：In addition, the Ho Dynasty had been associated with remarkable innovations, such as reforming examination, building more schools, heightening the Nom scripts and issuing paper-money.

表示“举例”的表述还有许多，如for example，for instance，e.g.，i.e.等，通过在越南子库搜索，发现for instance表述在越南子库中一次都没有出现，such as的使用频率则远远超出另外四种表述的总和，说明越南子库更偏好使用such as来举例（表5-39）。

表5-39　各种“举例”在越南子库中的复现频数

排序	词簇	复现频数
1	such	91
2	for example	6
3	for instance	0
4	e.g.	1
5	i.e.	1

此外，such在越南子库里还有一些其他零星的用法如：such details，such archaeological sites等。

（2）cultural。形容词cultural在越南子库中共出现137次，在词频表中排名27，在形容词表排名第4，表5-40列出了cultural在越南子库中的主要搭配和用法。

表5-40　cultural在越南子库中的主要用法

排序	词簇	复现频数
1	cultural heritage	49
2	cultural value(s)	13
3	cultural and + 形容词	13
4	cultural activity/activities	9
5	cultural其他搭配	53

从表5-40中可以看出，cultural heritage，cultural value和cultural activity等搭配充分体现了越南子库在旅游宣传中对当地文化的看重。例如：

例5-6-3：At 16h 55 on September 30, 2009 in Abu Dhabi Capital of United Arab Emirates, UNESCO recognized Quan ho Bac Ninh folk songs as intangible cultural heritage of humanity for its cultural value, social custom preservation, performing arts, style of contact, lyric and costume.

例5-6-4：During the festival, many cultural activities and games are held, such as competitions of weaving, carrying water jar on one's head, football, singing.

（3）traditional, old and ancient。文莱在旅游宣传中"传统"和"现代"的共存，而在越南子库中，traditional，old和ancient则分别在形容词排名第5、6和7位，可以看出越南旅游宣传以"传统"与"古老"为荣，更侧重强调的是旅游景点的历史感。

例5-6-5：This is a long-standing and unique form of art which has special meaning in the musical treasures of Viet Nam, associated with the traditional festivals, customs, religions, literature, music, thoughts and philosophy of the Vietnamese.

例5-6-6：Of which, the largest middle compartment is the place setting the ancestor altar along with horizontal lacquered boards, parallel sentences, old paintings, etc.

例5-6-7：Up to now, there is no place like Hue remaining a lot of originally historical vestiges as in this ancient Capital City.

（二）动词

表5-41是越南子库中实义动词与系动词使用频率比较。

表5-41　越南子库实义动词与系动词使用频率

实义动词		系动词	
时态	频率	时态	频率
原形	737	be	85
现在时	275	am/are	325
第三人称单数	423	is	620
过去时	319	was/were	210
合计	1754	合计	1240

同样，越南子库的实义动词的使用也多于系动词的使用，是其1.41倍。同时，越南子库与文莱子库语料库大小相当，但无论是实义动词的使用还是系动词的使用都要比文莱子库少四分之一左右，这说明越南子库中的谓语动词较少，进一步印证了越南子库多用长句的特点。

（三）高频名词

在上文的词频表里发现有几个名词dynasty，world 和heritage都占据了词频表前50位。因此，这个小节主要看一下这几个高频名词在越南子库中的使用情况。

（1）dynasty：朝代。dynasty一词在越南子库中出现了127次，通过AntConc查看其用法发现出现最频繁的3个朝代为：the Ho Dynasty（胡朝1400—1407，共出现28次）、Le Dynasty（黎朝1428—1789，含Le So Dynasty前黎朝428—1527，共出现16次）和Nguyen Dynasty（阮朝1802—1945，共出现57次）。仔细查看这几个朝代出现的场合发现：这些朝代通常与越南的历史文物古迹一起出现，说明越南旅游宣传也非常注重强调古迹悠久的历史。例如：

例5-6-8：Kinh Thien Palace was the centre of Imperial Citadel of Thang Long in Le Dynasty and Ha Noi Citadel in Nguyen Dynasty.

例5-6-9：The Nam Giao Altar, an importance royal architectural work , was built in 1402 in the southwest of Don Son Mountain, on the spiritual pathway directly connected with the Southern gate, about 2.5 km away from the citadel of the Ho Dynasty to the southeast.

(2) world和heritage。world一词在越南子库中出现了120次，而heritage一词出现了113次，在此处之所以把这两个词放在一起不是因为出现频率相近，而是因为在越南子库里多处出现了两个词的搭配结构：world heritage（出现32次），world cultural / natural/ documentary/ natural heritage（出现31次）。两者的搭配使用都超过了各自用法的一半以上，可见，越南旅游宣传也常常通过“世界（文化、历史、自然）遗产”等表述来强调其景点获得的权威认证以吸引旅游者。

例5-6-10：At the meeting of the 17th session of the World Heritage Committee (WHC) in Columbia, from the 6th to the 11th of December 1993, UNESCO has come to the decision of recognising the architectural ensemble of Hue as a world cultural heritage.

例5-6-11：On December 17, 1994, Ha Long Bay was recognised as world natural heritage for its natural beauty at the 18th meeting of the World Heritage Committee of UNESCO in Thailand.

三、越南子库句法特点

从上文的数据和分析中可以看到，越南子库偏好使用长句和第三人称。

（一）长句的使用

越南子库中长句的使用除了如例5-6-18这样并列小句的结构，更多则是包含了复杂的修饰成分作从句的长句，这类长句的好处在于表述更严密、内容更丰富。

例5-6-12：Each new monarch came to My Son after his accession to the throne, for the ceremony of purification and to present offerings and erect new monuments, which explains why My Son is the only place where Cham art flourished without interruption from the 7th to the 13th century.（48词）

例5-6-13：Thanks to weather changes and Dong Van's geo-diversity, the karst evolution has created "rock gardens" and "rock forests" of diverse forms in the area, such as Khau Vai rock garden (Meo Vac) where tourist can contemplate the peaks of rocks in the shape of different kinds of flowers, Lung Pu rock garden (Meo Vac) with animal-shaped rocks such as tiger and dragon, Van Chai rock garden (Dong Van) with round flagstones arranged like thousands of black sea lions leaning one another getting some rest on the beach.（87词）

（二）第三人称的使用

此外，从表5-35中可以发现，在东盟总库上榜的第二人称 you在越南子库却没有上榜，经过搜索，发现you在越南子库中只出现过59次；而在越南子库2～6词词簇表前20中可以看到it is和there are分别出现了49次和46次。这说明越南子库更偏好使用第三人称或是表示存在的客观视角。例如：

例5-6-14：It is remarkable for its harmonious blending of traditional national values with northern and western cultural features.

例5-6-15：In the non-karst geomorphologic area, there are many low mountains covered by a floristic carpet.

四、小结

在越南历史上并没有被英语国家殖民的经历，因此越南属于Kachru提出的扩展圈国家，英语在越南的普及程度也不如东盟十国中属于英语外圈的国家，能收集到的英语旅游宣传语料也相对有限。基于现有语料，本章节可以得到以下结论。

（1）虽然越南子库的标准化类符/形符比要比东盟总库的高，但越南子库在旅游宣传语料中使用了大量来自越南语的词汇，这些词汇虽然多样但简短，因此，并不能得出越南子库词汇使用的丰富程度和难度要高于东盟总库的结论。

（2）越南旅游宣传语料在举例时多用such as而不用for example，for instance。

（3）越南旅游宣传以传统文化、历史、古老为荣，同时，会使用“世界遗产、具体朝代”等表述来证明文字的可靠性和权威性。

（4）越南旅游宣传语料偏好用长句和从客观角度来推介越南。

第六章　启示与结论

第一节　东盟各国英语变体总结

东盟国家中既有属于外圈的国家，也有属于扩展圈的国家，但无论从词汇使用还是句法特点等分析，都无法找到外圈和扩展圈国家明确的划分规律，现对东盟各国英语变体特点总结归纳如下。

一、词汇使用特点

（1）总体而言，外圈国家的词汇使用丰富程度要高于扩展圈国家，但外圈国家之间和扩展圈国家之间的词汇使用情况并无规律可循。外圈国家中，菲律宾、新加坡、马来西亚和文莱同为外圈国家，但这四个国家在旅游宣传中使用的词汇丰富程度和复杂词汇的使用情况也并不相同：菲律宾子库无论是在词汇丰富程度上还是在复杂词汇使用频率上都要略高于东盟总库；新加坡和马来西亚子库词汇使用情况相近，所用词汇更丰富，但复杂词汇的使用略逊于东盟总库；文莱子库的词汇使用情况与东盟总库相近。扩展圈国家中，柬埔寨子库、缅甸子库、印尼子库和越南子库在旅游宣传的词汇使用上无论是丰富程度还是复杂性上都比不上东盟总库；老挝子库的词汇丰富程度与东盟总库相当，但复杂性低于东盟总库；泰国子库在词汇丰富程度上不如东盟总库，但词汇难度更大；而越南字库中使用的多字母词长的复杂词汇却低于东盟总库。

（2）无论是外圈国家还是扩展圈国家，都大量使用具有浓厚本国特色的英语词汇。外圈国家中，菲律宾子库有许多从西班牙语和菲律宾语的借词；马来西亚子库、新加坡子库和文莱子库中有很多来自马来语的词汇。扩展圈国家中，柬埔寨子库有不少来自柬埔寨语的词汇；缅甸子库有许多佛教词汇；印尼子库的词汇体现了荷兰对印尼的殖民影响。这些具有本国特色的词汇是这些英语变体的一大特点。例如，来自本国母语或是来自殖民国语言的借词、本国国教的词汇等，从这些词汇使用可以看到具有东南亚国家特色的文化在各国英语变体中的渗透和影响。

（3）外圈国家之间也存在差异。例如，新加坡子库在实义动词的使用上远远超过了系动词的使用，而同为外圈国家的菲律宾在旅游宣传语料中实义动词的使用与系动词的使用差距并不大。

二、句法特点

从句法特点看，外圈国家之间和扩展圈国家之间的句法也并无统一的规律，但总体而言，外圈国家多用短句而扩展圈国家使用复杂长句的情况更常见。

（1）人称使用上存在差异。外圈国家中，新加坡偏好交替使用第一人称和第二人称；马来西亚和文莱则更喜欢使用第二人称；菲律宾则多用第三人称。扩展圈国家中，印尼和老挝的旅游宣传多用第二人称；柬埔寨、缅甸和越南的旅游宣传更偏好第三人称；泰国旅游宣传则多用表示客观存在的

“there be...”句型。

（2）句式长短上的差异。外圈国家多用短句，以达到呼吁、宣传的效果：菲律宾旅游宣传资料多用简单句和祈使句；马来西亚旅游宣传更偏好使用祈使句；文莱则多用短句和省略句；新加坡旅游资源宣传偏好使用疑问句和祈使句。扩展圈国家中：老挝、泰国和越南的旅游宣传语料多用复杂结构的长句。

这在一定程度上体现了扩展圈国家的英语使用者在使用英语时或多或少仍然会受到母语干扰的情况。

三、旅游宣传中的问题

东盟十国旅游宣传语料中也存在各式各样的错误，拼写错误、语法错误、单词粘连等。例如：

例6-1：Padians were generally small time vendors making a profit from the “pengalus” who bought the supply from the markets by marking up their prices and pocketing the difference.（文莱子库）

例6-2：If you think you have good bargaining skills, than this is the place to put it to good use!（马来西亚子库）

例6-3：At the National Orchid Garden, you will get to rub shoulders with VIPs such as the Vanda William Catherine and the ParavandaNelson [Paravanda Nelson] Mandela[①].（新加坡子库）

例6-4：Binirayan commemoratesthe [commemorates the] landing of the ten Malay datus in Malandog, Hamtic, Antique in themiddle [the middle] of the 13th century to set up the first Malayan settlement or barangayin [barangay in] this

① Paravanda Nelson Mandela is an orchid hybrid originated by Singapore Botanic Gardens in 1997.

country.

例6-5：It is believed that all travelers passing by the temples should stop and pqy [pay] their respects to the spirits for a safe journey and strong health.（老挝子库）

例6-6：Bengal was an ancient ingdom [kingdom] that the 2nd century Greek cartographer Ptolemy referred to in his writings as Argyre.（缅甸子库）

这些错误以及在文莱子库中出现结构不完整的句子等情况说明错误是难以避免的，目前在语言变体研究上比较看重的是“可理解性”，只要语言通顺，不会造成读者的阅读障碍，可以让读者顺利获取旅游信息，就不是什么大问题。

第二节　对广西旅游外宣的启示

广西壮族自治区与东盟国家山水相连，是中国的旅游大省（区），与东盟开展旅游合作具有得天独厚的条件和优势。广西与东盟国家陆路、海上、空中三大旅游通道日渐畅通。广西正在努力建设成为中国面向东盟的区域性国际旅游集散地。如何通过对外宣传提升自身的“文化软实力”是近年来国家外宣工作的重点之一，本书在全面地了解东盟国家英语变体的基础上，将东盟旅游宣传资料语料库与广西的旅游外宣语料进行对比，以期为广西旅游面向东盟国家进行对外宣传提供指导，从而促进广西乃至中国的旅游对外宣传地有效开展。

一、广西旅游外宣翻译语料库基本情况

通过自建小型广西旅游外宣语料库，将其与东盟旅游宣传总库在词汇和

句法上进行初步的比较研究。广西共有14个地级市，从广西壮族自治区人民政府的门户网站找到广西各地市的政务信息网链接，登录了广西壮族自治区的政府门户网站加上14个地市的政务门户、信息网站共15个政务门户网站，发现除了广西南宁和柳州市的政务信息网外，其他12个政务门户网站都只有中文版网页，甚至连桂林这个世界知名的旅游城市也不例外。详细情况见表6-1。

表6-1 广西14个地级市政务网相关信息查询结果一览表

	政务信息网		旅游信息	
	中文	英文	中文	英文
南宁	有	有	有	有
柳州	有	有	有	有
桂林	有	-	有	-
梧州	有	-	-	-
北海	有	-	-	-
防城港	有	-	有	-
钦州	有	-	有	-
贵港	有	-	-	-
玉林	有	-	-	-
百色	有	-	-	-
贺州	有	-	-	-
河池	有	-	-	-
来宾	有	-	有	-
崇左	有	-	-	-

截至2020年8月，广西共有7家5A景区（桂林漓江景区、桂林乐满地休闲世界、桂林独秀峰—王城景区、桂林两江四湖·象山景区、南宁青秀山风景旅游区、崇左市德天跨国瀑布景区和百色起义纪念园景区）和245家4A

级旅游景区[①]。课题组将所有6家5A景区和172家4A景区的信息在互联网上搜索，5A景区只有桂林乐满地休闲世界、桂林独秀峰—王城景区、南宁青秀山风景旅游区有自己的网站和中英文网页，4A景区中只有13 家景区（南宁市民歌湖景区、南宁市良凤江森林景区、南宁上林县金莲湖景区、南宁市人民公园、广西民族博物馆、北海海洋之窗、北海银滩旅游区、北海金海湾红树林生态旅游区、桂平市太平天国金田起义地址景区、百色西林县宫保府景区、贺州姑婆山旅游区、广西凤山国家地质公园景区、大新县安平仙河景区）有自己的网站和中英文网页[②]。

继续查找广西和桂林旅游发展委员会网站，发现桂林旅游发展委员会的网站也没有英文版。最后，从广西旅游发展委员会网站、南宁市政务信息网、柳州市政务信息网外、桂林旅游协会的官方英文网站以及上述具体的旅游景区英文网页才收集了共102625词，初步建成一个小型的广西旅游宣传资料语料库（Corpus of Guangxi Tourism Information，CGTI）。

表6-2　广西旅游外宣语料库与东盟总库基本数据比较

语料库	形符数	类符数	类符/形符比	标准化类符/形符比	平均词长	词长标准差	平均句长	句长标准差
广西旅游外宣语料库	102329	9592	9.37%	41.69	4.93	2.58	21.63	16.23
东盟总库	1015538	43714	4.30%	46.86	4.90	2.59	20.90	13.30

从表6-1中可以发现，广西旅游外宣语料库与东盟总库两个语料库的基本数据并无太大差异。虽然广西旅游外宣语料库的类符/形符比比东盟总库的类符/形符比高出很多，但广西旅游外宣语料库与东盟总库两个语料库的

① 数据来源：http://www.gxta.gov.cn/home/detail/37196

② 旅游网站数据收集截至2018年12月。

形符数差别很大，因此，当转换为标准化类符/形符比时，广西旅游外宣语料库比东盟总库低了5.17，说明广西旅游外宣语料在词汇丰富性上不如东盟总库。同时，广西旅游外宣语料库的平均句长高于东盟总库，说明广西旅游外宣更多使用较长的句子。

（一）词长分布

将东盟总库与广西旅游外宣语料库的词长分布进行统计，得到图6-1。

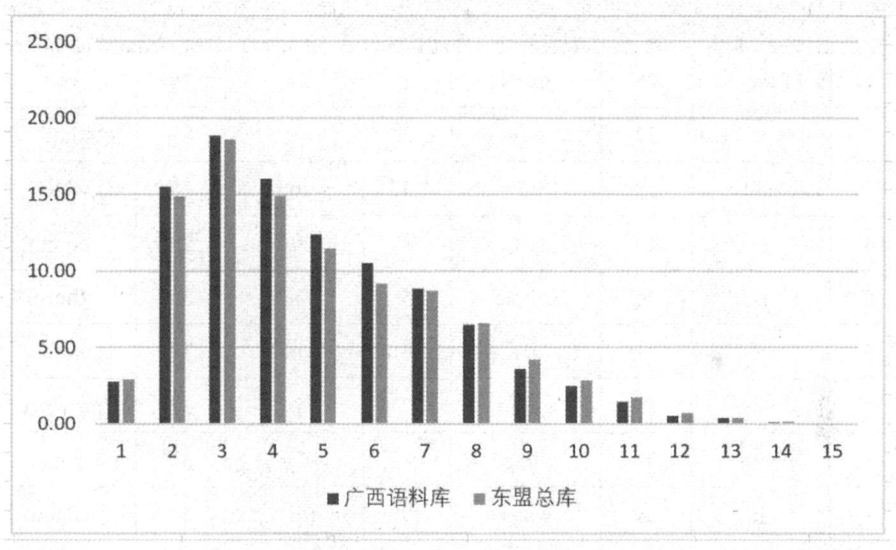

图6–1　广西旅游外宣语料库与东盟总库词长分布

图6-1展示了广西旅游外宣语料库和东盟总库中词长为1～15个字母的统计数据，柱形图中横轴上的1～15分别表示不同数量字母构成的词汇，纵轴表示这些词汇在子库中出现的百分比。可以看出，两个语料库不同词长词汇使用的大致分布曲线相当，但同时，广西旅游外宣语料库在2～6字母词长词汇使用上明显多于东盟总库，而东盟总库在8字母以上词长词汇使用上则普遍高于广西旅游外宣语料库，说明广西旅游资料语料库中多用词长较短的简单词汇，在词汇难度上略逊于东盟总库。

（二）词频

用Wordsmith统计出东盟总库中使用频率最高的前50位的词与广西旅游外宣语料库中词频最高的50个单词进行比较（见表6-2）。表中灰色部分词汇为两个语料库都有且排名差距小于等于10的词汇，加粗词汇为两个语料库都有但排名差距大于10的词汇，其他则为各语料库特有词汇。

表6-3　广西旅游外宣语料库与东盟总库语料库前50词频对比

广西旅游外宣语料库 词频				东盟总库 词频			
序号	单词	序号	单词	序号	单词	序号	单词
1	the	26	**park**	1	the	26	**can**
2	of	27	city	2	of	27	has
3	and	28	hill	3	and	28	which
4	in	29	its	4	to	29	one
5	is	30	people	5	a	30	**there**
6	a	31	one	6	in	31	also
7	to	32	guilin	7	is	32	province
8	with	33	village	8	for	33	most
9	it	34	water	9	from	34	island
10	for	35	you	10	are	35	their
11	on	36	**this**	11	as	36	**area**
12	are	37	**be**	12	with	37	have
13	as	38	**can**	13	on	38	**park**
14	from	39	county	14	by	39	will
15	**area**	40	museum	15	it	40	all
16	by	41	cultural	16	at	41	other
17	guangxi	42	there	17	**that**	42	located

续表

广西旅游外宣语料库 词频				东盟总库 词频			
序号	单词	序号	单词	序号	单词	序号	单词
18	river	43	china	18	you	43	town
19	has	44	nanning	19	city	44	about
20	which	45	**that**	20	was	45	some
21	scenic	46	mountain	21	**this**	46	**river**
22	cave	47	meters	22	or	47	more
23	an	48	zhuang	23	its	48	many
24	was	49	located	24	an	49	world
25	at	50	like	25	**be**	50	where

将广西旅游外宣语料库和东盟总库两个语料库中排名前50的词频进行对比发现：

（1）两个语料库中排名前50的词语有66%的重合率，这些重叠词汇以虚词为主，包括介词、冠词、连词等，其中，冠词的三种形式中的两种：定冠词the和不定冠词a在两个语料库的排名都在前10之内。但是也有系动词be的各种形式和少数名词重叠，如river，area和park等。

（2）在人称/物主代词的使用上，两个语料库基本一致，广西旅游外宣语料库有三个，分别是：排名第9的人称代词it，排名第29位的物主代词its和排名第35的人称代词you；东盟总库共有4个人称/物主代词，分别是：排名第15位的人称代词it，排名第18的人称代词you，排名第23位的人称代词its和排名第35位的物主代词their。

（3）广西旅游外宣语料库中有17个名词上榜，排名最高的名词为area，排在第15位，随后是guangxi，river，cave，park，city，hill，people，guilin，village，water，county，museum，china，nanning，mountain，meters和zhuang，这些名词有地名guangxi，guilin，china和nanning,有表示旅游目的地的词汇city，county和area，也有旅游景点rive，cave，park和museum等；而在东盟总库里只有8个名词上榜，排名最高的名词为city，随后是province， island，area，park，town，river和world，由此可以看到大家旅游推荐的重点的不同。

（4）在广西旅游外宣语料库排名前50的词汇里两个形容词，分别是排名第21的scenic和排名第41的cultural；而东盟总库中排名前50的形容词有三个，分别是排名第33的most，排名第47的more 和排名第48的many。这表明东盟总库的形容词使用更多样，因此排名靠前的是其比较级和最高级共有的形式。

与东盟总库一样，广西旅游外宣语料库也是一个专题语料库，在该库排名前50出现的17个名词与旅游目的地、旅游景点密切相关，不仅体现了语料库的专题特色为旅游宣传，也体现了广西的主要景区特色。同时，广西旅游外宣语料库中出现最多的人称代词是表示第二人称的you，采用第二人称的叙述方式有其自身的优点：其一是使得文字更直接、更亲切，让读者感受到仿佛与作者面对面的交流，拉近了读者与文字的距离感；其二则是使用第二人称有呼告的效果，可以增强文字的感染力。从第二人称代词you的使用上来看，也契合广西旅游宣传的目的；但相对于东盟总库中you的排名情况来看，广西旅游外宣中的第二人称的使用频率还可以加强。

（三）主题词表

同样，将东盟总库作为参照语料库，将广西旅游外宣语料库设为观察语料库，通过软件AntConc以对数似然比的方式生成主题词表（表6-4）。

表6-4　以东盟总库词频为参照的广西旅游外宣语料库主题词表前20

排序	K值（主题性）	主题词	排序	K值（主题性）	主题词
1	1124.675	guilin	6	697.875	zhuang
2	1072.767	nanning	7	496.252	scenic
3	951.648	guangxi	8	439.396	hill
4	916.164	liuzhou	9	340.949	cave
5	898.971	county	10	340.286	miao

续表

排序	K值（主题性）	主题词	排序	K值（主题性）	主题词
11	338.605	li	16	220.758	china
12	327.870	liu	17	219.536	square
13	246.068	mountain	18	217.227	drum
14	237.350	bridge	19	216.581	river
15	224.752	stone	20	207.632	liujiang

表6-4体现出了广西旅游外宣语料库的鲜明特点：相对于东盟总库，广西旅游外宣语料库的主题词前20统统体现为具有丰富地方特点的名词。

（1）广西旅游外宣语料库虽然尽可能地收集了广西各个旅游景点的信息，但主要来源是广西旅游发展委员会网站、南宁市政务信息网、柳州市政务信息网外和桂林旅游协会的官方英文网站，因此，guilin，nanning，guangxi，liuzhou这四个词的主题性最为显著。

（2）从主题词表里还可以发现广西的旅游特色有山（hill，moutain），洞穴岩石（cave，stone）等。

（3）排名靠前的主题词还有广西特色词汇，如zhuang（壮），miao（苗），li（漓）和liujiang（柳江）等。

（4）广西是铜鼓之乡，对于铜鼓的相关介绍不少，所以drum一词也毫不意外地进入主题词前20。

（四）词簇

由于广西旅游外宣语料库容量不大，因此在进行词簇检索时设置词簇长度定为2～6词，最低频数30次，得到一个最短为两词的词簇表。在该词簇表中，出现频率最高的两词词簇为“定冠词+名词/形容词/数词”的结构，如the river，the city，the most和the first等；在复现频数前20 且语法和语义完整的词簇中全部为两词词簇，复现频率最高的三词词簇为an area of 和is located in，都在语料库中出现了36次，而4～6词的词簇则没有。

表6-5　N元组生成的2～6词词簇表前20

排序	词簇	复现频数	排序	词簇	复现频数
1	located in	87	11	li river	50
2	the river	68	12	more than	50
3	such as	65	13	the water	50
4	scenic spot	60	14	away from	49
5	the most	60	15	square meters	45
6	the city	58	16	the cave	45
7	the park	58	17	the world	45
8	in china	57	18	scenic area	44
9	in guangxi	54	19	the hotel	44
10	the hill	52	20	the first	42

（五）实词使用情况

将经过词性标注的缅甸子库用AntConc的Concordance功能，统计了其中形容词、副词、实义动词使用情况排名前10位的词汇①（表6-6）。

表6-6　主要词性词频排名前10

形容词	副词	实义动词			
		原形	现在时	第三人称	过去时
scenic (347) cultural (243) ancient (169) more (157) high (150) national (149) ethnic (140) beautiful (132) natural (126) long (114)	also (194) as (162) about (125) so (108) not/well (104) here (98) only (90) away (73) now/then (71)	enjoy (78) take (77) visit (58) make (62) go (52) get (45) see (38) appreciate/find (23) experience (22) meet (21)	make (62) go (52) love (39) do (33) include (31) come (30) use (25) live (22) look (17) walk (15)	covers (46) makes (29) looks (28) comes (22) lies (21) takes (19) offers (18) includes (16) boasts/stands (14)	said (35) received (21) became (18) came/took (16) began (9) built (6) rebuilt (6)

① 笔者注：考虑到所选词汇的意义及代表性，动词过去时只统计到频率大于5的单词。

二、广西旅游外宣语料库词汇特点

根据上述数据统计，广西旅游外宣语料库的词汇特点总结如下。

（一）形容词

（1）scenic。形容词scenic在广西旅游外宣语料库中共出现347次[①]，是广西旅游外宣语料库中使用最多的形容词。利用AntConc的Concordance功能查看发现该词的主要搭配有：scenic spot(s)（159次）、scenic area(s)（118次）。

例6-7：The scenic spot is composed of 12 peaks, 46 grottos, over 700 mu of green land, over 3000 meters of clear brooks and 4 artificial lakes.（柳州都乐岩景区）

例6-8：It boasts the largest and most beautiful scenic area in China and attracts thousands of visiters each year.（桂林介绍）

例6-9：The existing isles and lakes, valleys and hills, dams and green waters will make the scenic area a particular destination for eco-tours, conferences, business trips, vacations, expeditions, sports, health-building activities, and recreational activities.（南宁老虎岭风景区）

（2）cultural。除了风景优美以外，国人旅游同样看重文化底蕴和文化传承，因此，在旅游景点介绍中，形容词cultural也经常出现。在广西旅游外宣语料库中该词的主要搭配是cultural relic(s)，其他还有一些如cultural heritage，cultural site等搭配。

例6-10：The 400 odd pieces of cultural relics of rooster, phoenix and divine bird and folklore works are from more than 20 nationwide museums.（广西民族

---

① TagAnt的词性标注将专有名词中出现的“scenic”统一标注为专有名词，但实际“scenic”在专有名词中也是充当形容词。

博物馆）

例6-11：The Museum mainly exhibits items of historic or cultural value such as antiques, chinaware from Ming and Qing Dynasty and unique handicrafts of different minority groups. It also has a collection of 30,000 pieces of antiques and artwork.（桂林博物馆）

例6-12：Through the lobby, 3D Experience Hall, auditorium, exhibition halls and other cultural relics, with murals, works of art and sound and light in the form of a combination of vivid display of historical [history] and cultural [culture] related to tourists during the period of Taiping Heavenly Kingdom.（金田起义博物馆）

（3）ancient。中国拥有五千年的璀璨文明，从ancient一词也可以看出广西旅游宣传中着也以历史悠久为荣，如ancient time和ancient town等。

例6-13：After lunch, the bus will take tourists to an ancient town called Yangmei and they may enjoy the special local food in town.（南宁杨美古镇）

例6-14：This is a group including Kung Pao palace, Nanyang college, Rong Lu, the cen ancestral hall, Zengshou Pavilion, Si sub floor, filial square, built in the Qing Dynasty (1875-1908) of ancient buildings.（西林宫保府）

例6-15：The Ancient City Wall was piled up by tons of limestone, it has four entries, which were named by "Li, Zhi, Ren, Yi (ceremony, wisdom, benevolence, loyalty)".（桂林王城）

（4）ethnic，beautiful和natural。从这几个形容词的使用中可以看出广西在旅游宣传中有自己的特点，着重强调“民族的”（如ethnic culture）、“优美”（如beautiful scenery）和“自然”（如natural beauty，natural landscape和natural reserve等）。

例6-16：Paddy fields are the major form of farming here and have nurtured distinctive local and ethnic cultures throughout the years.（龙胜龙脊梯田）

例6-17：An endless array of scenic sights, tourist events and other activities are waiting for you to explore, which include Yongfu Cave, hot springs, Guilin tiankeng (Karst doline), tiankeng rafting, waterfall-climbing, water park, Golden Bell Hill Holiday Inn, golf course, ethnic performances, ATV cross-country motorcycling, forest of bamboo trees and aquatic restaurants.（桂林金钟山）

例6-18：Down-hill walk path is also worth a try because the path leads to different sections featuring ethnic sights and activities, such as gong at Yaoshan Mountain, area to experience daily life of Yao people, upper air cable slide and bamboo clapper performance.（桂林义江缘）

例6-19：Viewing upwards & downwards beside the pool bank, the pool peak forms a beautiful reflection, like a giant carp leaping in the pool surface, so it is named Fish Leaping in South Pool, seven caves are connected with each other on the hillside, which is called Wise Mind Seven Portals.（柳州鱼峰山）

例6-20：The Scenic Spot today enjoys both the ancient and modern sceneries; attractions here interact to each other, making the Scenic Spot the most beautiful landscape of Nanning.（南宁青秀山）

例6-21：Like its picturesque scenery of beautiful mountains and clear water, Guilin's brilliant sculptures and cavern art will always meet visitors' expectations.（桂林愚自乐园）

例6-22：The place is especially celebrated for its unique natural beauty and colorful ethnic cultures.（桂林蝴蝶泉）

例6-23：Wenyang Mountain in Longshan Village, eight kilometers eastwards from the county town, is only 300 meters above sea level but boasts a most beautiful natural cave in Chongzuo.（崇左介绍）

例6-24：There are more than 100 large and small waterfalls, 1322 kinds of plants and animals, large amount of negative ion of oxygen in the air up to per cubic centimeter 73000, is a natural “oxygen bar”.（柳州红茶沟森林公园）

（二）动词

表6-7是广西旅游宣传语料库中实义动词与系动词使用频率的统计。

表6-7 广西旅游外宣语料库实义动词与系动词使用频率

实义动词		系动词	
时态	频率	时态	频率
原形	1091	be	170
现在时	431	am/are	479
第三人称单数	567	is	1287
过去时	315	was/were	195
合计	2404	合计	2131

从表6-7可以看到，广西旅游外宣语料库的实义动词的使用虽高于系动词，但总体差距不大，仅是其1.13倍，而且相对于其他子类，广西旅游外宣语料中系动词的第三人称单数的使用频率较高。

三、广西旅游外宣语料库存在的问题

通过对广西旅游外宣语料库的研究和分析，发现目前广西旅游外宣存在以下问题。

（一）旅游相关信息缺乏

国际化的发展对促进旅游业至关重要。广西想要加速旅游业的发展，除了吸引旅游者的硬件，旅游的配套软件，如以英文为媒介的充足的旅游资讯也必须完善，才能更好地吸引来更多的外国旅游者。在这个大数据时代，旅游信息充足与否直接影响着旅游者的选择。旅游业的发展与旅游信息多少也是相辅相成的。旅游业发展较为成熟的国家，其在网络上可以获得的英文旅游资讯更多，而旅游业发展相对较落后的国家，其旅游信息也相对较少。同样，如果一个国家为外国旅游者提供了丰富的旅游资讯，也会相应地促进该国旅游业的发展。以东盟国家为例，泰国、马来西亚、印尼、菲律宾这几个旅游大国在政府部门或旅游机构的官方网站提供了较为全面的旅游信息，从国家、地区的简介到特色旅游景点、交通、饮食等信息应有尽有，旅游信息量极大，在进行资料收集时也相对容易。像缅甸、老挝这几个国家，其旅游业相对前面几个旅游大国来说发展相对滞后，可获得的旅游信息也相对受到了限制。

目前广西壮族自治区的政府门户网加上14个地市的政务门户、信息网共15个政务门户网站，只有1个自治区级和2个市级网站有英文版，其他13个都只有中文内容；广西政务门户网站是一个自治区、一个城市的窗口，既是发布官方信息的渠道，也是外国人了解广西及广西各地市的桥梁。对外国游客而言，他们能从广西相关的网站获取到旅游信息非常少，由此也会间接影响他们做出是否来广西旅游的判断，这将在一定程度上阻碍广西旅游业的发展。

（二）旅游信息的质量有待提高

目前可供参考的旅游信息也存在各种问题，如网页质量不高、英文信息质量有待加强、词汇使用较为单一和术语不一致等。

（1）英文网页质量亟待提高。少部分景点的英文网页质量有待加强，一是中式表达严重影响理解，二是排版布局未经严格校对，单词粘连的现象比比皆是，可读性很差。图6-2是北海银滩的英文欢迎页面的截图。在该欢迎页面的景点介绍里，短短的8行字就有15处单词粘连的现象（见图6-2中标红部分），不仅给读者带来了非常差的阅读体验，也会让读者对景区这样的管理水平产生怀疑，进而影响景区的声誉。

除了单词粘连，在北海银滩的网站还有其他问题。例如，中文网站的“关于我们”栏目下是一个双语介绍。

例6-25：北海银滩“关于我们”栏目的中英介绍

北海银滩国家旅游度假区位于主城区南部，东起大冠沙，西至侨港镇，陆域面积为12平方公里，拥有北海银滩景区、金海湾红树林生态保护景区两个4A景区和滨海国家湿地公园，是国务院1992年批复设立的12个国家旅游度假区之一，先后接待过20多位党和国家领导人。

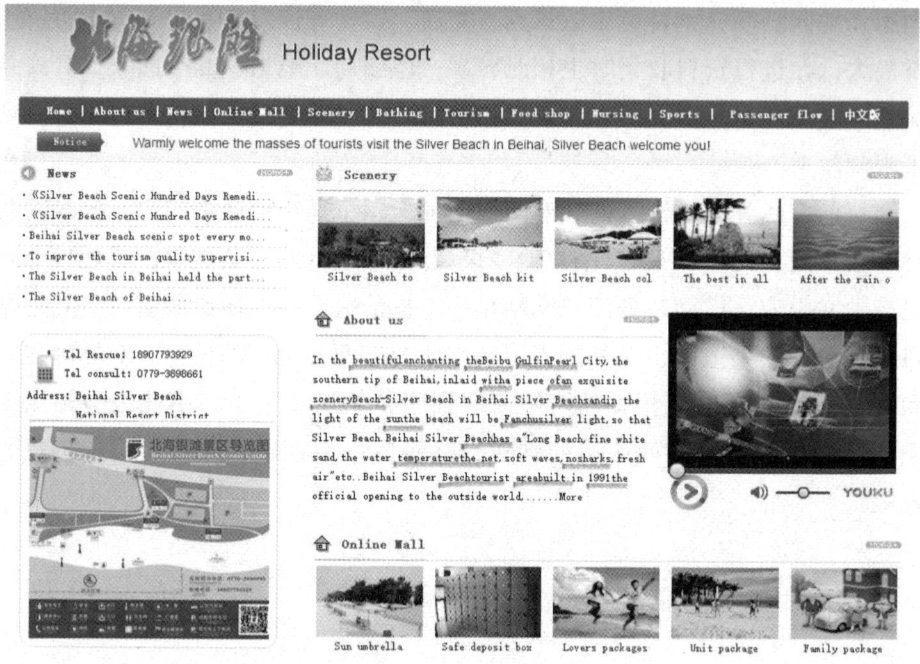

图6-2　北海银滩的欢迎页面的截图

Located in the southern side the city proper, the Beihai Silver Beach Resort, stretching from Daguansha in the east to Qiaogang Town in the west, has a land coverage of 12 sq.km. The Silver Beach Resort, listed by the Chinese Central Government as one of the 12 National Tourist Resorts in 1992, includes the Silver Beach Scenic Spot, Jinhaiwan Mangroves Preservation Zone and the Beihai National Wetland Park. There have been some 20 top Chinese leaders visiting the Resort.

此处英文内容语言通顺、可读，不会引起阅读障碍。然而，在英文版网页“About us”的栏目下也有一段类似的介绍。

例6-26：北海银滩“About us”栏目的英文介绍

After construction, 10 years of development, the Silver Beach in Beihai has become the first national AAAA class tourist scenic spot, the national "fivespots" and the thirty-five "trump card spots" one, were Hu Jintao, Jiang Zemin, Wu Bangguo, Wen Jiabao, Jia Qinglin, Li Changchun and so on more than 20 party and state leaders visited the Silver beach.

这段英文为一个长句，前两行还好，读者大致还能理解，从第3行开始就语法混乱、影响理解了。同一个网站下类似内容在不同页面竟会有如此不一样的呈现，实在是让人匪夷所思。

（2）英文翻译的质量有待提高。翻译质量也是广西旅游外宣亟待重视的一个问题。通过对这些旅游景点外宣文本的研读发现不少翻译问题。

例6-27：贺州姑婆山旅游区官方门户网站的姑婆山景区介绍。

中文介绍：姑婆山旅游区位于湘、桂、粤三省（区）交界处的萌渚岭南端，广西贺州市境内，距离贺州市区21公里，是香港——广州——桂林黄金旅游线上的一颗璀璨明珠。景区总面积8000公顷，景区内峰高谷深、森林繁茂、瀑飞溪潺、动植物丰富，集"雄、奇、秀、幽"于一体，被誉为"南国天然氧吧，瀑布森林公园"。（133字）

English Translation: Guposhan eco-tourism area is located in Hunan, Guangxi and Guangdong provinces (regions) at the junction of mengzhu Lingnan end, Hezhou territory, 21 km from Hezhou District, Hong Kong—a golden tourist line Guilin—Guangzhou bright pearl. The total area of 8000 hectares, the peak height and deep valleys, lush forests, waterfalls fly creek trickle, rich flora and fauna within the area, set "male, odd, show, quiet" in one, known as the "southern Tianranyangba, Waterfall Forest Park."（78词）

姑婆山景区的中文介绍共133字，分成了两个句子；英文介绍78词，也分为两个句子。在这个英文版本的介绍中，可以看到译文完全没有考虑英语语言的特点，而是在中文文字的基础上逐字逐词地翻译，甚至个别处断字都有问题，如："萌渚岭南端"译成"mengzhu Lingnan end"；还有直接音译的，如"南国天然氧吧"译为"southern Tianranyangba"。这样的译文并不符合英语的表达习惯，没有做到通顺流畅，译文可以说完全不可读，使得外宣效果大打折扣，甚至会影响旅游景区的形象，严重地可能还会影响外国游客对这一景区服务质量的判断。

（3）英文翻译词汇搭配单一。广西旅游外宣语料中的语言多样性不足，词汇使用较为单一。以scenic一词为例，该词共出现347次，在主题词表中排名第7。在十万词级的广西旅游外宣语料库中，该词使用频繁。上文已经提到过，该词的主要搭配有：scenic spot(s)（159次）、scenic area(s)（118次），这两种搭配已经占了该词用法的80%；而在百万词的东盟旅游宣传语料库中，scenic一词只出现了178次，出现比重就要比广西旅游外宣语料库低得多，而其搭配就丰富得多，有scenic view(s)（20次），scenic waterfall(s)（12次），scenic beauty（12次），还有诸如scenic spot(s)，scenic attraction(s)，scenic landscape(s)，scenic highway，scenic ride，scenic place等。由此可见，广西旅游宣传的词汇使用上仍相对单一，要使广西旅游外宣资料的可读性更高，就要在词汇搭配上下功夫。

（4）术语不一致。在对广西旅游外宣语料的研读过程中，还发现广西的英文宣传资料存在术语翻译不一致的现象，甚至对于同一个术语，在同一个网站上获取的语料都存在译法不一的情况。比如，桂林著名的景点——漓江，在本次收集的语料中，有39处译为“Lijiang River”而有50处译为“Li River”；同样，南宁市的南湖在本次收集的语料中，既有译为“Nanhu Lake”的，也有译为“South Lake”；类似的情况还有红水河、柳江、青秀山等景点，也存在有不同译名的问题。

例6-28：The beautiful mountains and clear waters of the Green Mountain Park Scenic area are extremely attractive to tourists.（选自南宁政务网）

例6-29：The Qingxiu Mountain Tourist Resort will become the first national AAAAA tourist resort in Nanning as long as no opposition is received during the publicity period, putting an end to the history that there is no National AAAAA tourist resort in Nanning.（选自南宁政务网）

例6-30：Nanning Qing Xiu Shan Scenic Spot (hereinafter mentioned as the “Scenic Spot”) lies in the heart of Nanning downtown and neighbors to the north shore of the winding Yongjiang River.（选自青秀山风景区官网）

对于一个不会中文的外国人，应该不会意识到这三个例子描述的是同一个地方。更有甚者，在有些景点网站的英文版同一个景区竟然出现了三个不同的译名，图6-3是桂林乐满地度假世界英文界面的截图。从图6-3中可以看到，页面左上角的图标显示的是“Guilin Merryland Resort”，图中文字介绍的标题是“Guilin Happy Man Vacation World”，而文字介绍的开头和结尾使用的译名又为“Guilin Lemandi Holiday World”。

图6–3 桂林乐满地度假世界英文页面截图

类似这种一个地名或一处景点有两个或多个译名的问题将对旅游者造成严重地混淆，游客在阅读这些介绍时会将一个景点误以为是两个甚至多个景点，不利于游客了解旅游景点的具体情况。

四、对广西旅游外宣的建议

同时，对东盟旅游宣传资料的研究发现对广西的旅游外宣也有一定的启示，广西旅游外宣可以从以下几个方面进行加强和改进。

（一）加强旅游外宣英文网站的建设

广西旅游资源丰富，山水景观、滨海风光、边境风貌、民族风情和红色旅游等多姿多彩，然而，“酒香还要勤吆喝”，没有宣传，就不能更好地吸引世界各地的游客。要想做好广西旅游乃至广西的对外宣传工作，建立权威、官方的英文网站作为信息发布平台显得异常重要。在国际交流日益频繁的今天，政务门户网或政务信息网、自治区或市级旅游局官网，以及旅游景区自己的网站等都应该提供相应的英文信息，包括旅游景点的大致介绍、历史渊源、人文背景、开放时间、游览费用和前往的交通路线等。这些信息有助于旅游者在出行前对目的地有一个大致的了解，从而更好地规划行程。

（二）丰富旅游信息

同时，在东盟十国语料分析的时候，发现每个国家在旅游宣传的侧重点上是不一样的。例如，马来西亚旅游宣传语料非常注重提供门票费用、交通路线和方式等实用信息；新加坡则利用形容词new，free和fun等的频繁使用凸显了新加坡旅游资源的新颖、新奇、有趣之处和优惠信息，以吸引旅游者；老挝重点宣传的旅游特色则是咖啡旅游、佛教等；缅甸则喜欢介绍缅甸美食吸引游客；印尼则强调在宣传中强调“传统”“自然”和旅游资源的“独特”；越南在旅游宣传时以“传统文化”“历史”“古老”为荣，同时，会使用“世界遗产、具体朝代”等表述来证明文字的可靠性和权威性。这些本质上都是旅游者想要获取的信息内容。广西可以从上述分析中借鉴的是：一要明确旅游特色和定位，在进行旅游外宣时突出特点以达到有效地宣传，二是不应忽视旅游信息的提供，如交通便利情况、营业时间、费用等，信息更透明，以促进广西旅游业的发展。

（三）提升翻译质量

翻译质量对于外宣翻译而言尤为重要，可以从以下几个方面提升翻译质量。（1）翻译要交给专业人士。从上述提到的例子中明显可以看出，要么译文是机器翻译的产品，要么就是译者毫无专业性可言。因此，外宣翻译一定要交到有资质的人手里，其中一个选择是校企合作，通过校企合作完成、完善旅游外宣推介。广西有多所高校都开设了翻译专业，翻译实践是该专业人才培养必不可少的环节，相关部门可以与这些高校建立长期合作，将广西旅游宣传资料的翻译设为校企合作项目，由高校教师指导翻译硕士研究生对旅游信息进行翻译和定期更新，既可以保证项目质量，确保译文通顺、流畅、可读，又可以保证旅游信息的时效性，给旅游者提供及时、准确的信息，促进广西旅游业的发展。

（2）术语的翻译必须要统一、保持一致。术语的一致性是衡量翻译质量好坏的一个重要标准。因此，例如要解决一些旅游景区、地名英文译名不统一的问题就要求相关部门对广西旅游景点、地名进行统一。有了统一的译名，各单位可以通过计算机辅助翻译软件中的术语库的创建一次性解决这些常用术语在翻译中不统一的问题，为旅游者提供准确的旅游信息。

（3）专人进行质量把关。任何环节都有可能出错，从东盟国家旅游外宣中也存在单词粘连、拼写错误、语法错误等现象说明，无论是扩展圈国家还是语言使用娴熟趋近母语的外圈国家，都很难避免出现各式各样的小错误，尽管这类小错误并不影响读者对信息的接收和理解。广西在进行旅游宣传时要在原则问题上严格把关，以目标语读者的接受度为考量，精益求精，尽量避免各类错误的产生。因此，在翻译文本上传网络之前和上传之后都应有专人对译文质量和上传文本效果进行检查，通过质检严把关，才能保证翻译质量和网站质量，才能保证旅游外宣达到应有的效果，促进广西旅游的发展。

第三节 小 结

东盟国家与广西之间的旅游交往日益频繁，如此密切的交往为双方的相互了解提供了一个绝佳的平台。从旅游宣传语料中的词汇、句型的使用，也可以从另一个侧面了解东盟国家的旅游和文化特色。在语料库语言学研究路径的支持下，通过比较和对比的方法，从词汇、句法等角度考察东盟各国英语变体的特色、共性和差异，以东盟国家的英文旅游宣传资料为研究对象，对东盟国家在旅游宣传上使用的英语变体开展了研究，发现这些英语变体中存在不少有意思的特点。东盟十国有些属于外圈国家，有些属于扩展圈国家，但除了一些国家特有词汇外，并没有发现东盟十国的外圈和扩展圈国家在词汇、句式的使用偏好中有明显的规律可循，但相对而言，外圈国家英语运用娴熟度要整体好于扩展圈国家。此外，通过建立东盟国家旅游宣传资料的专题语料库，更全面地考察东盟十国旅游资料文本的特点，各国在旅游宣传中存在的词汇、句法上的异同等。在促进对东盟国家英语变体认识的同时，也加深了对东盟国家旅游、文化的了解。

由于受到东盟各国旅游宣传不平衡的客观条件限制，也由于作者的研究水平和研究能力有待提高，本书的研究仍然存在一定的局限性。

第一，语料收集数量不均衡。在此次收集到的东盟十国语料中，菲律宾的语料是文莱语料的六倍左右，在今后的研究中可以尝试对东盟十国使用容量相当的语料库进行对比研究，考察是否会在结论上有出入。

第二，语料收集渠道不均衡。受研究经费的限制，本次收集的语料以网络收集为主，印刷资料所占比重极少，在今后的研究中如有条件可尽量多收集正式出版的印刷资料与实地调研相结合，相信可以获得更多对东盟十国直接的了解。

第三，研究范围上的局限性。本项目研究主要采取的是东盟十国旅游宣传语料的内部对比，仅在总库关键词的分析中选用了当代美国英语语料库的词频作为参考语料，今后的研究可以考虑建立英语国家的旅游宣传语料库，考察与英语国家相比东盟国家在旅游宣传上词汇与句法的特点。

第四，研究内容上的局限性。本书仅限于对东盟旅游宣传语料进行收集和研究，今后的研究还可以考虑扩展到如经贸内容（投资政策、投资指南）、东盟国家英语文学、文化等方面，以便对东盟国家进行全面的了解和研究。

通过本书的研究，作者也经历了一个对东盟国家风俗文化学习的过程，了解了东盟各国在介绍各自社会、文化时的偏好和倾向性，希望今后能够继续在上述方面开展更广泛、更有深度的研究。

参考文献

[1] Ansaldo, U. The Asian typology of English: Theoretical and methodological considerations [J]. *English World-Wide*, 2009(2), 133-148.

[2] Bamgbose, A. Torn between the norms: innovations in world Englishes [J]. *World Englishes*, 1998(17), 1–14.

[3] Bolton, K. English in Asia, Asian Englishes, and the issue of proficiency [J]. *English Today*. 2008. 24(2), 3-12.

[4] Brown, D. W. & Jie, T. S. Singapore English and styling the *Ah Beng* [J]. *World Englishes*, 2014(1), 60-84.

[5] Calle-Martin, J. & Romero-Barrance, J. On the Use of the Split Infinitive in the Asian Varieties of English [J]. *Nordic Journal of English Studies*, 2014(1), 130-147.

[6] Carrio-Pastor, M. L. & Muniz-Calderon, R. Variation of English business e-mails in Asian countries [J]. *Lberica*. 2013(26), 55-76

[7] Cogo, A., & Dewey, M. Efficiency in ELF communication: From pragmatic motives to lexicogrammatical innnovation [J]. *Nordic Journal of English Studies*, 2006. 5(2), 59-94.

[8] Cogo, A., & Dewey, M. *Analysing English as a lingua franca: A corpus-driven investigation* [M]. London, UK: Continuum. 2012.

[9] Collins, P. *et al*. Modality in Philippine English: A Diachronic Study [J]. *Journal of English Linguistics*, 2014(1), 68-88.

[10] Columbus, G. A comparative analysis of invariant tags in three varieties

of English [J]. *English World-Wide*, 2010(3), 288-310.

[11] Deshors, S. C. A multifactorial approach to gerundial and to-infinitival verb-complementation patterns in native and non-native English [J]. *English Text Construction*. 2015(2), 207-235

[12] Deterding, D. The pronunciation of English in Guangxi: Which features cause misunderstandings? In Z. Xu, D. He, & D. Deterding (Eds.), *Researching Chinese English: The state of the art*. pp. 17-31. Berlin, Germany: Springer, 2017.

[13] Edwards, A. & Laporte, S. Outer and expanding circle Englishes: The competing roles of norm orientation and proficiency levels [J]. *English World-Wide*, 2015(2), 135-169.

[14] Edwards, J. G. H. Sociolinguistic variation in Asian Englishes: The case of coronal stop deletion [J]. *English World-Wide*, 2016(2), 138-167.

[15] Galloway, N. & Rose, H. Using listening journals to raise awareness of Global Englishes in ELT [J]. *ELT Journal*. 2014(4), 386-396.

[16] Gove, P. B. & The Merriam-Webster Editorial Staff, (ed) *New International Dictionary of the English Language*, Springfield: Merriam-Webster INC. 1993

[17] Gu, M. & Partkin, J. & Kirkpatrick, A. The dynamic identity construction in English as lingua franca intercultural communication: A positioning perspective [J]. *System*. 2014(46), 131-142.

[18] Hollander, E. *Is ELF a pidgin? A corpus-based study of the grammar of English as a lingua franca*. Unpublished MA thesis, University of Vienna. 2002

[19] Hu, Y. A longitudinal study on the extent of Mandarin influence on the acquisition of English [J]. *International Journal of Language Studies*, 2016, Volume 10, Number 4, 59-76.

[20] Hundt, M. *et al*. The hypothetical subjunctive in South Asian Englishes: Local developments in the use of a global construction [J]. *English World-Wide*, 2012(2), 147-164.

[21] Jenkins, J. *The phonology of English as an international language* [M]. Oxford, UK: Oxford University Press, 2000.

[22] Kachru, B. B. Standards, Codification and Sociolinguistic Realism: the English Language in the Outer Circle in R. Quirk and H. G. Widdowson (eds.): *English in the World: Teaching and Learning the Languages and Literatures* [M]. Cambridge: Cambridge University Press, 1985

[23] Kachru, B. Teaching World Englishes. In B. Kachru (Ed.), *The other tongue: English across cultures* [M]. Urbana, IL: University of Illinois Press. 1992

[24] Ke, J. The linguistic features of ELF by Chinese users in China-ASEAN communication contexts [J]. *Journal of English as a Lingua Franca*, 2016(2), 273-290.

[25] Kirkpatrick, A. *World Englishes: Implications for International Communication and English Language Teaching* [M]. Cambridge: Cambridge University Press, 2007

[26] Kirkpatrick, A. *English as a lingua franca in ASEAN: A multilingual model*[M]. Hong Kong: Hong Kong University Press, 2010.

[27] Kordon, K. *Phatic communion in English as a lingua franca* [M]. Unpublished MA thesis, University of Vienna, 2003.

[28] Li, D. C. S. Researching non-native speakers' views toward intelligibility and identity: Bridging the gap between moral high grounds and down-to-earth concerns. In F. Sharifian (Ed.), *English as an international language: Perspectives and pedagogical issues* [C]. pp. 81-118. Bristol, UK: Multilingual Matters, 2009.

[29] Mastuura, H. et al. Accent and speech rate effects in English as a lingua franca [J]. *System*. 2014(46), 143-150.

[30] McKay, S. *Teaching English as an international language: Rethinking goals and approaches* [M]. Oxford: Oxford University Press. 2002

[31] Melchers, G. & Shaw, P. *World Englishes* [M]. London：Hodder Arnold. 2003

[32] Modiano, M. Standard English(es) and educational practices for the world's lingua franca [J]. *English Today*, 1999. 15(4), 3-13.

[33] Mukherjee, J. & Gries, S. Th. Collostructional nativisation in New

Englishes: Verb-construction associations in the International Corpus of English [J]. *English World-Wide*. 2009(1), 27-51

[34] Munro, M. J. & Derwing T. M. The Effects of Speaking Rate on Listener Evaluations of Native and Foreign-Accented Speech [J]. *Language Learning*, 1998(2), 159-182.

[35] Nayan, N. M. & Setter, J. Malay English intonation: The Cooperative Rise [J]. *English World-Wide*. 2016(3), 293-32.

[36] Ng, E-C. Chinese meets Malay meets English: origins of Singaporean English word-final high tone [J]. *International Journal of Bilingualism*. 2016(1), 83-100.

[37] Schneider, E. W. *English Around the World: An Introduction* [M]. Cambridge: Cambridge University Press, 2011

[38] Orikasa, M. The intelligility of varieties of English in Japan [J]. *World Englishes*. 355-371.

[39] Schneider, E. W. Asian Englishes – into the future: A bird's eye view [J]. *Asian Englishes*, 2014. 16(3), 249-256.

[40] Schilk, M. & Schaub, S. Noun phrase complexity across varieties of English: Focus on syntactic function and text type [J]. *English World-Wide*. 2016(1), 58-85.

[41] Seidlhofer, B. Lexicogrammar in ELF: Some findings from VOICE. Paper presented at the colloquium Research into English as a lingua franca: The state of the art [J]. *British Association of Applied Linguistics Conference*, Leeds. 2003.

[42] Seidlhofer, B. Research perspectives on teaching English as a lingua franca [J]. *Annual Review of Applied Linguistics*, 2004(24), 209-239.

[43] Seidlhofer, B. Common ground and different realities: World Englishes and English as a lingua franca [J]. *World Englishes*, 2009. 28(2), 236-245.

[44] Seidlhofer, B. *Understanding English as a lingua franca* [M]. Oxford, UK: Oxford University Press, 2011.

[45] Seoane, E. & Suarez-Gomez, C. The expression of the perfect in East

and South-East Asian Englishes [J]. *English World-Wide*. 2013(1), 1-25.

[46] Sinclair, J. *Corpus, Concordance, Collocation* [M]. Oxford: Oxford University Press, 1991.

[47] Sung, C. C. M. Does accent matter? Investigating the relationship between accent and identity in English as a lingua franca communication [J]. *System*. 2016(60), 55-65.

[48] Strevens, P. *Teaching English an International Language* [M]. Oxford: Pergamon Press, 1980.

[49] Stroud, C. & Wee, L. *Style, Identity, and Literacy: English in Singapore* [M]. Bristol: Tonawanda, NY: Multilingual Matters, 2012.

[50] Walker, D. E. The Ecology of Lanuage in Current Issues in Zampolli, A., Calzolari, N. & Martha P. (eds): Computational Linguistics: In Honour of Don Walker. Pisa: Springer Science + Business Media Dordrecht, 1994.

[51] Xia, L. *et al*. The Corpora of China English: Implications for an EFL Dictionary for Chinese Learners of English [J]. *Lexikos*. 2016(26), 416-435.

[52] 崔晓红. 通用语背景下的中国英语语音教学思考[J].山东外语教学，2012（6）：70-74.

[53] 陈小慰. 汉英文化展馆说明文字的修辞对比与翻译[J].上海翻译，2012（1）：29-33.

[54] 陈小慰. 文化外译受众意识的样本分析——以《中国文化读本》英译为例[J].中国翻译，2015（4）：76-82.

[55] 陈新仁，曹燕黎，陈露. 中国英语的语用视角——基于央视9套《对话》节目中国英语使用状况的分析[J].中国外语，2014（3）：12-17.

[56] 陈新仁，李民. 英语作为国际通用语背景下的语用失误新解[J].外语与外语教学，2015（2）：7-12.

[57] 程颖，邱玉华，黄光芬. 文本类型理论关照下的新闻翻译[J].上海翻译，2011（3）：40-42.

[58] 戴光荣，左尚君. 介入系统在新闻社论翻译中的应用：基于语料库的个案研究[J].外国语言文学，2015（3）：199-207+216.

[59] 范勇. 美国主流媒体上的“中国英语”样本分析[J].中国翻译，2012

（4）：112-116.

[60] 高一虹."英语通用语"的理念发展与现实启示[J].中国外语，2015（5）：扉页、9-10.

[61] 高一虹，许宏晨."世界英语"及"中国英语"研究：新世纪的挑战与展望[J].新疆师范大学学报（哲学社会科学版）：2015（5）：122-129.

[62] 高一虹，许宏晨.英语变体态度研究综述[J].外语教学与研究，2015（6）：850-860.

[63] 郝桂冠.目的论视角下《十八大报告》英译本时态和语态功能解读[J].江苏外语教学研究，2014（2）：74-77.

[64] 何德华.英语通用语视角下语用教学的新思维[J].外语与外语教学，2015（2）：1-6.

[65] 胡芳毅.操纵理论视角下的外宣翻译——政治文本翻译的改写[J].中国科技翻译，2014（2）：40-42+39.

[66] 扈启亮.利比亚英语探究[J].长春理工大学学报（社会科学版）：2019（2）：136-140.

[67] 胡晓丽.世界英语变体发展对英语教学的启示[J].外语与外语教学，2012（6）：44-48.

[68] 黄艳春.简议外宣翻译要点[J].外国语言文学，2011（3）：194-198.

[69] 黄友义，黄长奇，丁洁.重视党政文献对外翻译，加强对外话语体系建设[J].中国翻译，2014（3）：5-7.

[70] 雷沛华.对外宣介翻译中的修辞问题——以高校网页翻译为例[J].中国翻译，2014（4）：112-116.

[71] 李家春.中国城市概览的译者风格考察[J].语言与翻译，2014（4）：59-65.

[72] 李青青.英语变体可理解性量具设计[J].江苏外语教学研究，2019（4）：60-62.

[73] 李文中.语料库标记与标注：以中国英语语料库为例[J].外语教学与研究（外国语文双月刊）：2012（3）：336-345+478.

[74] 梁茂成，李文中，许家金.语料库应用教程[M].北京：外语教学与研究出版社，2010.

[75] 刘春阳. 谈外宣翻译人才的基本素质[J].外语学刊，2013（1）：117-121.

[76] 刘国兵. 2008语料库语言学研讨会暨第三届语料库语言学论坛述评[J].中国外语教育，2008（3）：76-80.

[77] 刘昊，罗递敏. 东南亚英语语音变体特征及原因探究[J].江苏外语教学，2020（3）. 68-69.

[78] 卢小军. 外宣英译语义结构的起伏性[J].江苏外语教学研究，2013（1）：85-89.

[79] 钱永红. 国际通用语视角下关系程式教学模式探索 [J].外语与外语教学，2015（2）：19-25.

[80] 冉永平. 多元语境下英语研究的语用关注[J].外语教学与研究，2013（5）：669-680+798-799

[81] 冉永平，杨青. 英语国际通用语背景下的语用能力思想探索[J].外语界，2015（5）：10-17.

[82] 申娜娜，李品. 文本类型理论视角下的地区形象宣传语翻译——以上海世博会展馆主题为例[J].西安外国语大学学报，2011（2）：84-86.

[83] 舒薇. 公示语汉英翻译研究的新视角——文本类型学理论及其应用[J].广东外语外贸大学学报，2013（6）：72-75.

[84] 孙雪瑛，冯庆华. 目的论视域中的企业外宣翻译[J].外语学刊，2014（4）：98-102.

[85] 谈政华. 以目标语语料库为参照系的汉译英语言文本的可接受性研究——以武汉辛亥革命博物馆展览简介为例[J].江苏外语教学研究，2013（2）：55-59.

[86] 王红英. 论太极文化外宣中的“多维一体翻译”[J].外国语言文学，2015（4）：257-263.

[87] 王克非. 中国英汉平行语料库的设计与研制[J].中国外语，2012（6）：23-27.

[88] 王立非，文秋芳.“中国学生英语口笔语语料库”的建设与研究评述[J].外语届，2007（1）：22-28.

[89] 王平兴.“政治等效”翻译：臆想还是现实？[J].中国翻译，2016

(1): 91-95.

[90] 文秋芳. 英语通用语是什么:"实体论"与"非实体论"之争[J].中国外语，2014(3): 5-11.

[91] 文秋芳. 在英语通用语背景下重新认识语言与文化的关系[J].外语教学理论与实践，2016(2): 1-7.

[92] 文秋芳. 英语通用语的教学框架[J].语言科学，2016(7): 354-355.

[93] 文秋芳，俞希. 英语的国际化与本土化[J].国外外语教学，2003(3): 6-11.

[94] 武光军. 基于语料库的我国《政府工作报告》英译本的语体特征分析[J].西安外国语大学学报，2014(4): 118-121.

[95] 武继红. ELF视角下高校英语教师的语言态度研究[J].外语教学，2014(2): 55-58.

[96] 吴育红，刘雅峰. 译者适应与译者选择之偏差[J].上海翻译，2014(3): 78-81.

[97] 许宏晨，高一虹. 四次大型国际活动前后大学生志愿者对于世界英语的态度[J].外语教学，2014(1): 43-48.

[98] 徐品晶. 语用顺应：全球化背景下的英语语言融合与创新[J].东南学术，2015(4): 190-195.

[99] 薛芬，韩百敬. ELF 视角下英语学习者的语言态度研究[J].外语与翻译，2018(3): 66-73.

[100] 鄢佳，李德凤. 评价意义在奥运新闻标题编译中的改写[J].中国科技翻译，2013(1): 52-55.

[101] 杨明星. 论外交语言翻译的"政治等效"——以邓小平外交理念"韬光养晦"的译法为例[J].解放军外国语学院学报，2008(5): 90-94.

[102] 杨明星，闫达."政治等效"理论框架下外交语言的翻译策略——以"不折腾"的译法为例 [J].解放军外国语学院学报，2012(3): 73-77.

[103] 杨仙菊. ELF语境下基于人种志方法的英语语用教学[J].外语与外语教学，2015(2): 13-18.

[104] 叶萍，邹建萍. 汉式英语与汉化英语[J].学术论坛，2011(9): 175-178,217.

[105] 徐明强. 外宣翻译的苦恼[J].中国翻译，2014（3）：11-12.

[106] 俞希. 英语通用语背景下中国英语教学现状分析[J].外语教学理论与实践，2016（3）：37-42.

[107] 袁晓宁. 论蕴含文化因子的地名英译原则和策略[J].中国翻译，2015（1）：96-100.

[108] 袁卓喜. 现代修辞视角下的外宣翻译——基于西方劝说机制理论的思考[J].解放军外国语学院学报，2013（1）：91-95.

[109] 战菊，李菲，付慧敏. 中国英语的本质、根源及发展——基于语言变异理论的解读[J].吉林大学社会科学学报，2015（3）：163-170.

[110] 张健，全球化语境下的外宣翻译"变通"策略刍议[J].外国语言文学，2013（1）：19-27.

[111] 张丽红，刘祥清. 生态翻译对外宣翻译的启示[J].中国科技翻译，2014（2）：43-46.

[112] 张黎黎，宋银秋. 模因论与中国英语词汇[J].东北师大学报(哲学社会科学版)，2011（4）：161-163.

[113] 张伶俐. 国外可理解性研究述评[J].中国外语教育，2014（3）：47-53.

[114] 张伶俐，汪卫红. 英语通用语理论观照下的大学英语听说教学研究[J].外语电化教学，2015（7）：29-34.

[115] 张天宇，周桂君. 语言变体与文化身份——以中国英语变体为考察对象[J].河南师范大学学报（哲学社会科学版），2014（4）：139-141.

[116] 张雯，卢志宏. 中西方修辞传统与外宣翻译的传播效果[J].上海翻译，2012（3）：38-40+78.

[117] 周子伦等. 菲律宾语言政策和英语研究[M]，成都：四川大学出版社，2015.

[118] 朱建新，张海波. 亚洲英语教育范式的转变：从EFL/ESL到EAL[J].外语界，2014（1）：19-26.

[119] 朱晓敏. 基于自建语料库的政治文本英译特点研究[J].解放军外国语学院学报，2011（3）：73-77+128.

[120] 周丽. 多维整合原则关照下的时政党政话语翻译[J].上海翻译，

2015（3）：42-44.

[121] 邹航. 生物进化论视角下中国英语变体的研究[J].外语教学，2015（3）：36-39.

[122] Anthony, L. (2015). TagAnt (Version 1.2.0) [Computer Software]. Tokyo, Japan: Waseda University. Available from http://www.laurenceanthony.net/

[123] Anthony, L. (2016). AntConc (Version 3.4.4) [Computer Software]. Tokyo, Japan: Waseda University. Available from http://www.laurenceanthony.net/